VSESTRANSKA KUHARICA IZ SLADKEGA KROMPIRJA

Od slanih užitkov do neustavljivih sladic. Sprostitev okusnega potenciala sladkega krompirja 100 receptov

Marjeta Hrovat

Avtorski material ©2023

Vse pravice pridržane

Nobenega dela te knjige ni dovoljeno uporabljati ali prenašati v kakršni koli obliki ali na kakršen koli način brez ustreznega pisnega soglasja založnika in lastnika avtorskih pravic, razen kratkih citatov, uporabljenih v recenziji. Ta knjiga se ne sme obravnavati kot nadomestilo za zdravniški, pravni ali drug strokovni nasvet.

KAZALO

KAZALO 3
UVOD 8
ZAJTRK 10
  1. Žganje iz sladkega krompirja 11
  2. Fujianska omleta z ostrigami 13
  3. Granola iz sladkega krompirja s hibiskusovim čajem 15
  4. Vafljani njoki iz sladkega krompirja 18
  5. Omlete s kozjim sirom, sladkim krompirjem in krutonom 21
  6. Ponev za jajca iz sladkega krompirja 23
  7. Burrito iz sladkega krompirja in jajc 25
  8. Sladki krompir in kokosovi krofi 28
  9. Mochi palačinka iz sladkega krompirja 30
  10. Palačinke iz sladkega krompirja 32
  11. Fritata iz sladkega krompirja in špinače 34
  12. Skleda za zajtrk s sladkim krompirjem 36
  13. Enolončnica za zajtrk s sladkim krompirjem in klobasami 38
  14. Piškoti za zajtrk iz sladkega krompirja 40
  15. Ponev za zajtrk s sladkim krompirjem in slanino 42
  16. Skleda za napitek iz sladkega krompirja 44
  17. Burrito skleda za zajtrk s sladkim krompirjem 46
PREDJEDI **48**
  18. Ceviche Peruano 49
  19. Ocvrtki iz sladkega krompirja v ingverju 51
  20. Sladki krompir Marshmallow grižljaji 53

21. Polnjen sladki krompir 55
22. Sladki krompir Tempura 57
23. Puran in tempura iz sladkega krompirja 59
24. Nachos iz sladkega krompirja 61
25. Pečen čips iz sladkega krompirja 63
26. Čips iz sladkega krompirja s karijem 65
27. BBQ sladki krompirjevi čipsi 67
28. krogi sladkega krompirja 69
29. Puranji polpetki s sladkim krompirjem 71
30. Tinga takosi s sladkim krompirjem in korenčkom 73
31. Mesne kroglice iz leče in riža 75

GLAVNA JED **77**

32. Enolončnica iz sladkega krompirja Marshmallow 78
33. Enolončnica iz sladkega krompirja iz koruznih kosmičev 80
34. Fižol, prosena štruca s sladkim krompirjem 82
35. Njoki iz sladkega krompirja s pestom iz rukole 84
36. Njoki iz kostanja in sladkega krompirja 87
37. Njoki iz sladkega krompirja in korenja 91
38. Puranjeva štruca z mešanim fižolom in mandlji 93
39. Pečen losos in sladki krompir 96
40. Losos Teriyaki z zelenjavo 98
41. Pizza s pečenimi koreninami 101
42. BBQ koruzni Jalapeno pica iz sladkega krompirja 104
43. Matcha trska na pari 106
44. Rižota iz sladkega krompirja z zelišči 108

SLADKI KROMPIR **110**

45. Začinjen krompirček s sladkim krompirjem 111

46. Pomfri iz sladkega krompirja z javorjevo glazuro 113
47. Pomfrit s cimetom in sladkorjem iz sladkega krompirja 115
48. Pomfrit s karijem in kokosom iz sladkega krompirja 117
49. Pomfrit iz sladkega krompirja z zelišči parmezan 119
50. Cajun začinjen sladki krompirček 121
51. Sladki krompirček z javorjevim orehom 123
52. Pomfrit s kokosovim curryjem in sladkim krompirjem 125
53. Pomfrit s parmezanom in cilantrom iz sladkega krompirja 127
54. Pomfrit iz sladkega krompirja za valentinovo 129

JUHE **131**

55. Juha iz sladkega krompirja in tekile 132
56. Zelenjavna juha z lososom 134
57. Juha iz sladkega krompirja in korenja 136
58. Začinjen sladki krompir in čili iz črnega fižola 138
59. Tajski curry iz sladkega krompirja 140
60. Sladki krompir in koruzna juha 142
61. Juha iz sladkega krompirja s kokosovim karijem 144
62. Juha iz praženega sladkega krompirja in rdeče paprike 146
63. Chipotle juha iz sladkega krompirja in črnega fižola 148
64. Juha iz sladkega krompirja in leče s karijem 150
65. Juha iz sladkega krompirja in jabolk 152
66. Jugozahodna juha iz sladkega krompirja in kvinoje 154
67. Pražen sladki krompir in ingverjeva juha 156
68. Juha iz sladkega krompirja in kokosovega mleka z limeto 158

69. Juha iz sladkega krompirja in ohrovta z italijansko klobaso 160

SOLATE **162**

70. Solata iz praženega sladkega krompirja in pršuta 163
71. Veggie Burger Burrito Bowl 165
72. Solata iz praženega sladkega krompirja in črnega fižola 167
73. Solata iz sladkega krompirja in kvinoje z vinaigreto 169
74. Solata iz sladkega krompirja in ohrovta z limoninim tahinijem 171
75. Solata iz sladkega krompirja na žaru 173
76. Solata iz sladkega krompirja in avokada 175
77. Solata iz sladkega krompirja in čičerike 177
78. Solata iz sladkega krompirja in špinače 179
79. Solata iz sladkega krompirja in kvinoje 181
80. Cezarjeva solata iz sladkega krompirja in ohrovta 183
81. Solata iz sladkega krompirja in jabolk z javorjevim gorčičnim prelivom 185

STRANI **187**

82. Amaretto glaziran sladki krompir 188
83. Sladki krompir z limeto in tekilo 190
84. Na lesu ocvrta zelenjava 192
85. Veganski kandirani jam 194
86. Pire iz sladkega krompirja iz melase 196

SLADICA **198**

87. Sladka krompirjeva pita Tiramisu 199
88. Pita iz sladkega krompirja Trifle 202
89. Pecivo iz sladkega krompirja 204
90. Sladki krompir in žajbelj 206

91.	Mochi kvadratki iz sladkega krompirja	208
92.	Pita iz sladkega krompirja	210
93.	Ube Rolled Ice Cream	212
94.	Sladki krompir in kavni piškoti	214
95.	Gratiniran sladki krompir in por	216

PIJAČE **218**

96.	Sok iz jabolčne pite	219
97.	Oranžna bučna poživitev	221
98.	Kefir iz sladkega krompirja	223
99.	Proteinski napitek iz sladke krompirjeve pite	225
100.	Smoothie iz sladkega krompirja	227

SKLEP **229**

UVOD

Dobrodošli v očarljivem svetu sladkega krompirja! V tej kuharski knjigi vas vabimo, da se podate na kulinarično popotovanje, ki slavi vsestranskost in hranilno vrednost te skromne, a neverjetno okusne korenaste zelenjave. Od slanih jedi do razvajajočih sladic, sladki krompir je kulinarični biser, ki lahko povzdigne vsak obrok s svojo naravno sladkostjo in bogatim okusom. Ta kuharska knjiga je vaš najboljši vodnik za raziskovanje čudovitega potenciala sladkega krompirja v vaši kuhinji.

Sladki krompir s svojo živahno barvo in sladkim okusom je že dolgo cenjen v kuhinjah po vsem svetu. Ne samo, da so vsestranska sestavina, ampak so tudi polni osnovnih hranil, zaradi česar so dragocen dodatek k vsaki dobro zaokroženi prehrani. V tej kuharski knjigi se poklonimo sladkemu krompirju in predstavljamo zbirko receptov, ki prikazujejo njegovo neverjetno raznolikost in prilagodljivost.

Na teh straneh boste odkrili zakladnico slastnih receptov, v katerih je sladki krompir glavna sestavina. Od prijetnih juh in obilnih enolončnic do ustvarjalnih prilog in prijetnih sladic smo pripravili zbirko, ki poudarja vsestranskost sladkega krompirja. Ne glede na to, ali ste navdušenec nad sladkim krompirjem ali želite v svoje obroke vključiti bolj hranljive sestavine, ima ta kuharska knjiga za vsakogar nekaj.

Toda ta kuharska knjiga je več kot le zbirka receptov. Vodili vas bomo skozi različne sorte sladkega krompirja, delili nasvete o izbiri in shranjevanju le-teh ter podali tehnike za pripravo in kuhanje sladkega krompirja na različne načine. Ne glede na to, ali ste izkušen kuhar ali začetnik v kuhinji, vam bodo naša navodila po korakih in koristni nasveti omogočili ustvarjanje okusnih jedi, ki bodo pokazale edinstvene lastnosti sladkega krompirja.

Torej, ne glede na to, ali iščete hranljiv obrok za svojo družino, gostite večerjo ali preprosto iščete nove načine za vključitev tega hranljivega dragulja v svojo prehrano, naj bo Kronike sladkega krompirja: Raziskovanje vsestranskosti hranljivega dragulja vaš vodnik. . Pripravite se, da se podate na okusno pustolovščino in odkrijete nešteto načinov, na katere lahko sladki krompir spremeni vaše kulinarične stvaritve.

ZAJTRK

1. <u>Hašiš iz sladkega krompirja</u>

SESTAVINE:
- 3 žlice oljčnega olja
- 2 skodelici sladkega krompirja, olupljenega in narezanega na kocke
- 2 skodelici maslene buče, olupljene in narezane na kocke
- ½ skodelice rdeče paprike, narezane na kocke
- ½ skodelice zelene paprike, narezane na kocke
- ½ skodelice čebule, narezane na kocke
- ½ čajne žličke česna, mletega
- ¼ skodelice svežega žajblja, narezanega na tanke rezine
- ¼ čajne žličke soli
- ¼ čajne žličke belega popra
- ½ skodelice zelenjavne juhe

NAVODILA:
a) V ponvi za pečenje na srednjem ognju zmešajte olje, sladki krompir, bučo, papriko in čebulo.
b) Pražite, dokler se zelenjava ne začne mehčati in postane zlata.
c) Dodajte česen, žajbelj, sol in poper; nadaljujte s praženjem eno minuto. Primešamo juho.
d) Pecite nepokrito pri 350 stopinjah, dokler se zelenjava ne zmehča, približno 10 do 15 minut.

2. Fujianska omleta z ostrigami

SESTAVINE:
- 1 ducat majhnih ostrig, oluščenih, približno 10–12 unč
- 2 stepena jajca
- 2 žlici sladkega krompirja
- 1/4 skodelice vode
- Drobno sesekljan cilantro in zelena čebula
- sol, poper
- 2 žlici masti ali olja za cvrtje

NAVODILA:
a) V veliki skledi naredite redko testo iz moke iz sladkega krompirja in vode. Prepričajte se, da je moka popolnoma raztopljena.
b) Ponev segrejte do dimljenja. Površino ponve premažemo z mastjo ali oljem.
c) Vlijemo sladko krompirjevo testo. Ko je skoraj popolnoma strjen, a na vrhu še moker, vanj vlijemo s soljo in poprom razžvrkljana jajca.
d) Ko je spodnja stran omlete s škrobno skorjo zlata in je stepeno jajce do polovice strjeno, omleto z lopatko razlomite na koščke. Potisnite jih na eno stran.
e) Dodajte ostrige, zeleno čebulo in koriander ter med mešanjem pražite 1/2 minute. Zložite in potresite z jajcem.
f) Postrezite s pekočo omako ali sladko čili omako po vaši izbiri.

3. Granola iz sladkega krompirja s čajem hibiskusa

SESTAVINE:
- 2 vijolična sladka krompirja

ZA GRANOLO:
- 2 ½ skodelice ovsa
- 2 žlički posušene kurkume
- 1 čajna žlička cimeta
- 1 žlica citrusove lupinice
- ¼ skodelice medu
- ¼ skodelice sončničnega olja
- ½ skodelice bučnih semen
- kanček soli

ZA JOGURT:
- 1 skodelica navadnega grškega jogurta
- 1 čajna žlička javorjevega sirupa
- 1 vrečka hibiskusovega čaja
- užitno cvetje, za okras

NAVODILA:
a) Pečico segrejte na 425 stopinj in krompir povsod prebodite z vilicami.
b) Krompir zavijte v pločevinasto folijo in pecite 45 minut do ene ure.
c) Odstranite iz pečice in pustite, da se ohladi.

ZA GRANOLO:
d) Pečico znižajte na 250 stopinj in pekač obložite s peki papirjem.
e) Zmešajte vse sestavine granole v skledo za mešanje in mešajte, dokler ni vse prekrito z medom in oljem.
f) Prenesite na obložen pekač in razporedite čim bolj enakomerno.
g) Pecite 45 minut, vsakih 15 minut premešajte ali dokler granola ne porjavi.
h) Odstranite iz pečice in pustite, da se ohladi.

ZA JOGURT:
i) Pripravite hibiskusov čaj po navodilih za čajno vrečko in ga postavite na stran, da se ohladi.
j) Ko se segreje na sobno temperaturo, vmešajte javorjev sirup in čaj v jogurt, dokler ne dobite gladke in kremaste teksture z rahlo rožnatim odtenkom.

ZA SESTAVLJANJE:
k) Krompir prerežite na pol in ga za okras potresite z granolo, aromatiziranim jogurtom in užitnimi cvetovi.

4. Vafljani njoki iz sladkega krompirja

SESTAVINE:
- 1 velik krompir za peko in 1 velik sladki krompir
- 1¼ skodelice večnamenske moke in še več za pomokanje delovne površine
- ½ skodelice naribanega parmezana
- 1 čajna žlička soli
- ½ čajne žličke sveže mletega črnega popra
- Ščetek naribanega muškatnega oreščka (neobvezno)
- 1 veliko jajce, pretepljeno
- Sprej za kuhanje proti prijemanju ali stopljeno maslo
- Pesto ali omaka iz vafljanega žajblja in masla

NAVODILA:

a) Pečico segrejte na 350°F.
b) Krompir pecite približno eno uro, dokler ga zlahka prebodete z vilicami. Pustimo, da se krompir nekoliko ohladi, nato ga olupimo.
c) Krompir pretlačimo skozi mlinček za hrano ali riž ali ga naribamo čez velike luknje strgalnika in v veliko skledo.
d) Krompirju dodajte 1¼ skodelice moke in ga z rokami premešajte ter med potjo razbijte grudice krompirja. Po testu potresemo sir, sol, poper in muškatni oreček ter rahlo pregnetemo, da se enakomerno porazdeli.
e) Ko se moka in krompir zmešata, naredite jamico v sredino sklede in dodajte stepeno jajce. S prsti premešajte jajce skozi testo, dokler se ne začne sestavljati. Malo bo lepljivo.
f) Na rahlo pomokani površini testo nekajkrat nežno pregnetemo, da se združi. Biti mora vlažen, vendar ne moker in lepljiv. Če je preveč lepljivo, dodajte 1 žlico moke naenkrat, do ¼ skodelice. Testo razvaljamo v poleno in ga razrežemo na 4 dele.
g) Vsak kos zvijte v vrv približno premera vašega palca in nato z ostrim nožem razrežite na 1-palčne segmente.
h) Segrejte pekač za vaflje na srednjo temperaturo. Obe strani rešetke pekača za vaflje premažite s pršilom proti sprijemanju ali namažite rešetke s silikonskim čopičem za pecivo.
i) Pečico zmanjšamo na najnižjo temperaturo in odstavimo pekač, da bodo gotovi njoki topli.

j) Previdno otresite morebitne ostanke moke z njokov in jih položite na pekač za vaflje, pri čemer pustite nekaj prostora, da se lahko vsak razširi.
k) Zaprite pokrov in kuhajte, dokler se mreže na njokih zlato ne zapečejo, 2 minuti. Ponovimo s preostalimi njoki, kuhane njoke pustimo na toplem na pekaču v pečici.
l) Postrezite vroče s pesto omako ali omako iz vafljanega žajblja in masla.

5. <u>Omlete s kozjim sirom, sladkim krompirjem in krutonom</u>

SESTAVINE:
- 2 žlici nesoljenega masla
- 1 skodelica pol-palčne kocke podeželskega kruha
- 1 srednji sladki krompir
- 1 majhna rdeča čebula; tanko narezan
- 2-unča mehkega blagega kozjega sira; razpadla
- 1 čajna žlička mletih svežih listov rožmarina
- 5 velikih jajc
- sol; okusiti
- Sveže mleti črni poper; okusiti

NAVODILA:
a) Pečico segrejte na 350 stopinj. V 8-palčni ponvi s premazom proti prijemanju stopite 1 žlico masla na zmernem ognju in v skledo stresite kruhove kocke.
b) Na pekaču pražite kocke kruha na sredini pečice, dokler ne postanejo bledo zlate in hrustljave, približno 10 minut, in prenesite v skledo.
c) Olupite sladki krompir in ga narežite na ¼-palčne kocke. V soparniku nad vrelo vodo dušite krompir in čebulo, dokler se ne zmehčata, približno 4 minute, in premešajte s krutoni. Zmes ohladimo in potresemo s kozjim sirom in rožmarinom. V skledi zmešajte jajca ter sol in poper po okusu.
d) V ponvi segrejte ½ žlice masla na zmerno močnem ognju, dokler pena ne popusti. Vlijemo polovico jajc in nagnemo ponev, da se enakomerno razporedijo po dnu.
e) Omleto kuhajte 1 minuto ali dokler se skoraj ne strdi, zgornjo plast premešajte s hrbtno stranjo vilic in stresajte ponev ter pustite, da pod njo steče morebitno nekuhano jajce.
f) Polovico omlete potresemo s polovico mešanice krutonov in kuhamo še 1 minuto ali dokler se ne strdi. Omleto zložimo čez nadev in jo preložimo na krožnik.
g) Omleto naj bo topla, medtem ko na enak način pripravite drugo omleto s preostalim maslom, jajci in mešanico krutonov.

6. Ponev iz sladkega krompirja

SESTAVINE:
- 1 funt sladkega krompirja, narezanega na kocke
- ¼ čajne žličke soli
- ¼ rumene čebule, narezane na kocke
- 1 žlica ekstra deviškega oljčnega olja
- ½ čajne žličke mletega koriandra
- 1 strok česna, mlet
- 2 jajci
- 1 čajna žlička prekajene paprike

PRELIVI
- Pest mikrozelenja brokolija
- 1 žlica popečenih pepit
- 1 čajna žlička rdeče paprike

NAVODILA:
a) Segrejte 8" ali 10" ponev.
b) Dodajte čebulo in česen je treba dodati po olivnem olju.
c) Kuhajte 5 minut oziroma dokler se čebula ne zmehča.
d) Dodajte sladki krompir in ga med rednim obračanjem dušite 14 minut ali dokler ne postane zlatorjav in mehak.
e) Po dodajanju začimb in soli dušite še eno minuto.
f) V sladkem krompirju naredite dve jamici. Dodajte jajca in kuhajte, dokler se beljaki ne strdijo in rumenjaki ne dosežejo želene gostote, približno 10 do 12 minut.
g) Preden postrežemo, ponev za jajca obložimo z kosmiči rdeče paprike, popečenimi pepitami in mikrozelenjavo.

7. iz sladkega krompirja in jajc

SESTAVINE:
ZA KROMPIR
- 1 skodelica vode ali zelenjavne osnove
- ½ funta sladkega krompirja, olupljenega in narezanega na majhne kocke
- Košer ali drobna morska sol in sveže mlet črni poper
- Za nadev
- 2 žlici olivnega ali rastlinskega olja, razdeljeno
- ½ čebule, drobno sesekljane
- ½ rdeče paprike brez semen in drobno sesekljane
- 1 čajna žlička chipotle prahu
- 1 skodelica konzerviranega črnega fižola brez glutena, opranega in odcejenega
- 6 velikih jajc

ZA MONTAŽO
- 4 velike tortilje brez glutena
- ½ skodelice paradižnika, salse Verde, salse Roja ali pico de gallo
- 1 skodelica naribanega sira Monterey Jack, poper Jack ali Colby
- Sveže iztisnjen sok limete Sveži listi cilantra, sesekljani

NAVODILA:
KROMPIR
a) Nalijte vodo na dno notranjega lonca vašega električnega lonca na pritisk.
b) V lonec postavite košaro za kuhanje na pari in vanjo zložite krompir. Zaprite in zaklenite pokrov ter se prepričajte, da je ročaj za izpust pare v tesnilnem položaju. Kuhajte na visokem tlaku 2 minuti.
c) Seveda sprostite tlak za 2 minuti, nato pa hitro sprostite preostali tlak tako, da obrnete ročico za izpust pare na odzračevanje. Pritisnite Prekliči. Odklenite pokrov in ga previdno odprite.
d) Krompir vzamemo iz lonca, začinimo s soljo in poprom, odstavimo in pustimo na toplem. Krompir lahko skuhate en dan vnaprej in ga ponovno segrejete, preden skuhate jajca in sestavite buritose.

POLNJENJE

e) Medtem ko se krompir kuha, v 10-palčni (25 cm) ponvi segrejte 1 žlico (15 ml) olja in pražite čebulo in papriko 5 minut, da se rahlo zmehčata.

f) Dodajte čipotle v prahu in fižol v ponev, segrejte. Zelenjavo z rešetkasto žlico preložimo v skledo in jo pokrijemo, da ostane topla.

g) V ponev dodajte preostalo 1 žlico (15 ml) olja. Jajca stepamo v skledi, dokler se ne zmešajo, nato jih vlijemo v ponev in ob stalnem mešanju kuhamo, dokler niso umešana.

h) Ponev odstavimo z ognja. Z lopatko nasekljajte jajca na majhne koščke. Fižol in zelenjavo vmešamo v jajca in pustimo na toplem.

MONTAŽA

i) Tortilje rahlo segrejte in na vsako položite četrtino krompirja in četrtino jajc. Na vrh dajte 2 žlici (30 g) salse in približno ¼ skodelice (30 g) naribanega sira.

j) Potresemo z nekaj limetinega soka in malo cilantra, previdno zvijemo in še tople postrežemo.

8. iz sladkega krompirja in kokosa

SESTAVINE:
- 1 skodelica večnamenske moke
- ½ skodelice polnozrnate moke
- ½ skodelice pire sladkega krompirja
- ½ skodelice kokosovega mleka
- ⅓ skodelice rjavega sladkorja
- ¼ skodelice rastlinskega olja
- 1 čajna žlička pecilnega praška
- ½ čajne žličke sode bikarbone
- ¼ čajne žličke soli
- ¼ čajne žličke mletega ingverja
- ¼ čajne žličke mletega cimeta

NAVODILA:
a) Pečico segrejte na 350°F (180°C).
b) V veliki skledi zmešajte moko, pecilni prašek, sodo bikarbono, sol, mleti ingver in mleti cimet.
c) V drugi skledi zmešajte pire iz sladkega krompirja, kokosovo mleko, rjavi sladkor in rastlinsko olje.
d) Dodajte mokre sestavine k suhim sestavinam in mešajte, dokler se le ne povežejo.
e) Maso nalijte v pomaščen pekač za krofe in pecite 12-15 minut ali dokler zobotrebec, ki ga zapičite v sredino, ne izstopi čist.
f) Pustite, da se ohladi v pekaču 5 minut, preden ga odstranite na rešetko, da se popolnoma ohladi.

9. Mochi palačinka iz sladkega krompirja

SESTAVINE:
- 1 skodelica lepljive riževe moke
- 3 žlice sladkorja
- 100 ml mleka
- 1 sladki krompir

NAVODILA:
a) Mešajte lepljivo riževo moko z mlekom in sladkorjem, dokler ni prikazano na fotografiji
b) Dodajte malo olja na mat in gnetite 1 minuto
c) Ločite jih na porcije
d) Sladki krompir kuhajte na pari, dokler se ne zmehča. Dodajte 1 čajno žličko sladkorja in jih pretlačite.
e) Kroglice lepljivega riža napolnite z mezgo iz sladkega krompirja.
f) Pecite jih, dokler obe strani ne postaneta svetlo rjavi in je bela zdaj prosojna. Na krožnik in ugriznite vanj.

10. Palačinke iz sladkega krompirja

SESTAVINE:
- 1 skodelica kuhanega in pretlačenega sladkega krompirja
- 1 skodelica večnamenske moke
- 2 žlici granuliranega sladkorja
- 2 žlički pecilnega praška
- 1/2 čajne žličke mletega cimeta
- 1/4 čajne žličke mletega muškatnega oreščka
- 1 skodelica mleka
- 2 jajci
- 2 žlici stopljenega masla
- Javorjev sirup ali med za serviranje

NAVODILA:
a) V veliki skledi zmešajte pire sladki krompir, moko, sladkor, pecilni prašek, cimet in muškatni orešček.
b) V ločeni skledi zmešajte mleko, jajca in stopljeno maslo.
c) Mokre sestavine vlijemo v suhe sestavine in mešamo, dokler se le ne združijo.
d) Na srednjem ognju segrejte rahlo pomaščen rešetko ali ponev.
e) Za vsako palačinko na rešetko vlijemo 1/4 skodelice testa.
f) Kuhajte, dokler se na površini ne naredijo mehurčki, nato obrnite in pecite drugo stran do zlato rjave barve.
g) Palačinke iz sladkega krompirja postrezite tople z javorjevim sirupom ali medom.

11. Fritata iz sladkega krompirja in špinače

SESTAVINE:
- 1 srednje velik sladki krompir, olupljen in narezan na kocke
- 1 skodelica svežih listov špinače
- 1/2 čebule, narezane na kocke
- 4 jajca
- 1/4 skodelice mleka
- Sol in poper po okusu
- Oljčno olje za kuhanje

NAVODILA:
a) Pečico segrejte na 350°F (175°C).
b) V ponvi, primerni za pečico, na srednjem ognju segrejte olivno olje.
c) V ponev dodajte na kocke narezan sladki krompir in čebulo ter kuhajte, dokler se sladki krompir ne zmehča, približno 8-10 minut.
d) Dodajte liste špinače in kuhajte, dokler ne oveni, približno 2 minuti.
e) V skledi zmešajte jajca, mleko, sol in poper.
f) Jajčno zmes prelijemo čez sladki krompir in špinačo v ponvi.
g) Kuhajte na štedilniku nekaj minut, dokler se robovi ne začnejo strjevati.
h) Ponev prestavimo v predhodno ogreto pečico in pečemo približno 12-15 minut oziroma dokler se fritaja ne strdi na sredini.
i) Odstranite iz pečice in pustite, da se nekoliko ohladi, preden ga narežete in postrežete.

12. Skleda za zajtrk s sladkim krompirjem

SESTAVINE:
- 1 srednje velik sladki krompir, pražen in pire
- 1/2 skodelice grškega jogurta
- 2 žlici medu
- 1/4 skodelice granole
- Sveže jagode za preliv

NAVODILA:
a) V skledi zmešajte pire iz sladkega krompirja, grški jogurt in med.
b) Dobro premešajte, da se poveže.
c) Mešanico sladkega krompirja prelijte z granolo in svežimi jagodami.
d) Skledo za zajtrk s sladkim krompirjem uživajte hladno ali pri sobni temperaturi.

13. Enolončnica za zajtrk s sladkim krompirjem in klobasami

SESTAVINE:
- 2 skodelici kuhanega in pretlačenega sladkega krompirja
- 1 funt klobase za zajtrk, kuhane in zdrobljene
- 1/2 čebule, narezane na kocke
- 1 paprika, narezana na kocke
- 1 skodelica naribanega cheddar sira
- 8 jajc
- 1/2 skodelice mleka
- Sol in poper po okusu

NAVODILA:
a) Pečico segrejte na 350°F (175°C).
b) V pomaščen pekač zložimo pire sladki krompir, kuhano klobaso, na kocke narezano čebulo, na kocke narezano papriko in nastrgan čedar sir.
c) V skledi zmešajte jajca, mleko, sol in poper.
d) Sestavine v pekaču prelijemo z jajčno mešanico.
e) Pečemo približno 30-35 minut oziroma dokler se jajca ne strdijo in vrh zlato rjavo zapeče.
f) Pustite, da se enolončnica ohladi nekaj minut, preden jo narežete in postrežete.

14. Piškoti za zajtrk iz sladkega krompirja

SESTAVINE:
- 1 skodelica kuhanega in pretlačenega sladkega krompirja
- 1/4 skodelice mandljevega masla
- 1/4 skodelice medu
- 1 čajna žlička vanilijevega ekstrakta
- 1 skodelica ovsenih kosmičev
- 1/2 skodelice polnozrnate moke
- 1/2 čajne žličke pecilnega praška
- 1/2 čajne žličke mletega cimeta
- 1/4 čajne žličke soli
- 1/4 skodelice posušenih brusnic ali rozin
- 1/4 skodelice sesekljanih oreščkov (neobvezno)

NAVODILA:
a) Pečico segrejte na 350 °F (175 °C) in obložite pekač s pergamentnim papirjem.
b) V skledi zmešajte pire sladki krompir, mandljevo maslo, med in ekstrakt vanilije. Dobro premešaj.
c) V ločeni skledi zmešajte oves, polnozrnato moko, pecilni prašek, cimet in sol.
d) Dodajte suhe sestavine v mešanico sladkega krompirja in mešajte, dokler se ne povežejo.
e) Po želji dodamo suhe brusnice ali rozine in sesekljane oreščke.
f) po žlicah polagajte na pripravljen pekač.
g) Pecite približno 12-15 minut oziroma dokler piškoti niso rahlo zlati.
h) Pustite, da se piškoti ohladijo na pekaču, preden jih prestavite na rešetko, da se popolnoma ohladijo.

15. Ponev za zajtrk s sladkim krompirjem in slanino

SESTAVINE:
- 2 srednje velika sladka krompirja, olupljena in narezana na kocke
- 4 rezine slanine, sesekljane
- 1/2 čebule, narezane na kocke
- 1 paprika, narezana na kocke
- 4 jajca
- Sol in poper po okusu

NAVODILA:
a) V ponvi hrustljavo popečemo sesekljano slanino. Odstranite iz ponve in postavite na stran.
b) V isto ponev dodajte na kocke narezan sladki krompir in kuhajte, dokler se ne zmehča, približno 8-10 minut.
c) V ponev dodajte na kocke narezano čebulo in papriko ter kuhajte, dokler se ne zmehčata, približno 3-4 minute.
d) Mešanico sladkega krompirja potisnite na eno stran ponve, na drugo stran pa razbijte jajca.
e) Začinimo s soljo in poprom.
f) Kuhajte, dokler jajca niso pečena po vaših željah in sladki krompir rahlo karameliziran.
g) Po ponvi potresemo kuhano slanino.
h) Ponev za zajtrk s sladkim krompirjem in slanino postrezite vročo.

16. Skleda za smoothie iz sladkega krompirja

SESTAVINE:
- 1 srednje velik sladki krompir, pražen in olupljen
- 1 zamrznjena banana
- 1/2 skodelice grškega jogurta
- 1/2 skodelice mandljevega mleka (ali katerega koli drugega mleka po vaši izbiri)
- 1 žlica medu ali javorjevega sirupa
- Dodatki: narezana banana, granola, kokosovi kosmiči, chia semena

NAVODILA:
a) V mešalniku zmešajte pražen sladki krompir, zamrznjeno banano, grški jogurt, mandljevo mleko in med ali javorjev sirup.
b) Mešajte, dokler ni gladka in kremasta.
c) Smoothie prelijte v skledo in dodajte želene prelive, kot so narezana banana, granola, kokosovi kosmiči in chia semena.
d) Takoj uživajte v skledi smutija iz sladkega krompirja.

17. <u>Burrito skleda za zajtrk s sladkim krompirjem</u>

SESTAVINE:
- 2 srednje velika sladka krompirja, olupljena in narezana na kocke
- 1 žlica olivnega olja
- 1 čajna žlička paprike
- Sol in poper po okusu
- 4 jajca, umešana
- 1 skodelica črnega fižola, opranega in odcejenega
- Salsa ali vroča omaka za serviranje
- Rezine avokada za okras

NAVODILA:
a) Pečico segrejte na 425 °F (220 °C).
b) V pekač stresemo na kocke narezan sladki krompir z oljčnim oljem, papriko, soljo in poprom.
c) Pečemo v pečici približno 20-25 minut oziroma dokler sladki krompir ni mehak in rahlo hrustljav.
d) V skledo v plasteh zložimo pražen sladki krompir, umešana jajca in črni fižol.
e) Prelijemo s salso ali pekočo omako in okrasimo z rezinami avokada.
f) Burrito skledo za zajtrk s sladkim krompirjem postrezite toplo.

PREDJEDI

18. Ceviche Peruano

SESTAVINE:
- 2 srednje velika krompirja
- po 2 sladka krompirja
- 1 rdeča čebula, narezana na tanke trakove
- 1 skodelica svežega limetinega soka
- ½ narezanega stebla zelene
- ¼ skodelice rahlo zapakiranih listov cilantra
- 1 ščepec mlete kumine
- 1 strok česna, sesekljan
- 1 habanero poper
- 1 ščepec soli in sveže mlet poper
- 1 funt sveže tilapije, narezan na ½ palca
- 1-kilogramska srednja kozica - olupljena,

NAVODILA:

a) Krompir in sladki krompir dajte v ponev in pokrijte z vodo. Narezano čebulo damo v posodo s toplo vodo.

b) Zmešajte zeleno, koriander in kumino ter vmešajte česen in poper habanero. Začinite s soljo in poprom, nato pa vmešajte na kocke narezano tilapijo in kozice

c) Za serviranje olupimo krompir in ga narežemo na rezine. Vmešajte čebulo v mešanico rib. Servirne sklede obložite z listi solate. Ceviche, ki je sestavljen iz soka, naložite v sklede in okrasite z rezinami krompirja.

19. Ingverjevi ocvrtki iz sladkega krompirja

SESTAVINE:
- A; (1/2 funta) sladkega krompirja
- 1½ čajne žličke olupljene sveže ingverjeve korenine
- 2 žlički svežega limoninega soka
- ¼ čajne žličke kosmičev posušene pekoče rdeče paprike
- ¼ čajne žličke soli
- 1 veliko jajce
- 5 žlic večnamenske moke
- Rastlinsko olje za globoko cvrtje

NAVODILA:
a) V sekljalniku na drobno sesekljajte nariban sladki krompir z ingverjem, limoninim sokom, kosmiči rdeče paprike in soljo, dodajte jajce in moko ter dobro premešajte.
b) V veliki ponvi segrejte 1½ cm olja in vanj dajajte žlice mešanice sladkega krompirja, dokler ne postanejo zlate barve.
c) Ocvrtke prestavimo na papirnate brisače, da se odcedijo.

20. <u>Sladki krompir Marshmallow grižljaji</u>

SESTAVINE:
- 4 sladki krompirji, olupljeni in narezani
- 2 žlici stopljenega rastlinskega masla
- 1 čajna žlička javorjevega sirupa
- Košer sol
- 10-unčna vrečka marshmallowa
- ½ skodelice polovic orehov orehov

NAVODILA:
a) Pečico segrejte na 400 stopinj Fahrenheita.
b) Na pekač stresite sladki krompir s stopljenim rastlinskim maslom in javorjevim sirupom ter ga razporedite v enakomerno plast. Začinimo s soljo in poprom.
c) Pečemo do mehkega, približno 20 minut, na polovici obrnemo. Odstrani.
d) Na vsak krog sladkega krompirja potresemo marshmallow in pražimo 5 minut.
e) Takoj postrezite s polovico pekan orehov na vrhu vsakega marshmallowa.

21. Polnjen sladki krompir

SESTAVINE:
- 1 skodelica vode
- 1 sladki krompir
- 1 žlica čistega javorjevega sirupa
- 1 žlica mandljevega masla
- 1 žlica sesekljanih pekanov
- 2 žlici borovnic
- 1 čajna žlička chia semen
- 1 čajna žlička curry paste

NAVODILA:
a) V svoj instant lonec dodajte eno skodelico vode in rešetko za soparnik.
b) Zaprite pokrov in položite sladki krompir na rešetko ter se prepričajte, da je sprostitveni ventil v pravilnem položaju.
c) Instant lonec 15 minut ročno segrevajte na visok pritisk. Trajalo bo nekaj minut, da se pritisk poveča.
d) Ko se časovnik izklopi, pustite, da se tlak naravno zniža 10 minut. Za sprostitev morebitnega preostalega tlaka obrnite sprostitveni ventil.
e) Ko plavajoči ventil pade, sladki krompir odstranite tako, da odprete pokrov.
f) Ko se sladki krompir dovolj ohladi, ga prerežite na pol in meso pretlačite z vilicami.
g) Potresemo z orehi orehi, borovnicami in chia semeni, nato pa pokapamo z javorjevim sirupom in mandljevim maslom.

22. Tempura sladki krompir

SESTAVINE:
- 2 srednje velika sladka krompirja
- Rastlinsko olje, za cvrtje
- 1 skodelica večnamenske moke
- ¼ skodelice koruznega škroba
- ½ čajne žličke soli
- 1 skodelica ledeno mrzle vode
- Omaka za namakanje po vaši izbiri (npr. sojina omaka, ponzu omaka ali sladka čili omaka)

NAVODILA:
a) Sladki krompir olupimo in narežemo na tanke rezine ali šibice. Za nekaj minut jih namočimo v hladno vodo, da odstranimo odvečni škrob. Odcedite in posušite s papirnato brisačo.
b) V cvrtniku ali velikem loncu segrejte rastlinsko olje na približno 350 °F (175 °C).
c) V skledi za mešanje zmešajte večnamensko moko, koruzni škrob in sol. Postopoma dodajte ledeno mrzlo vodo in nežno mešajte, dokler ne dobite gladke konsistence testa. Pazite, da ne premešate; v redu je, če je nekaj grudic.
d) Vsako rezino sladkega krompirja ali vžigalico pomočite v testo za tempuro in zagotovite, da je enakomerno prevlečeno. Pustite, da odvečno testo odteče, preden jih previdno položite v vroče olje.
e) Sladki krompir cvrete v serijah in pazite, da ne prenatrpate cvrtnika ali lonca. Kuhamo jih približno 2-3 minute oziroma dokler testo za tempuro ne postane zlato in hrustljavo. Odstranite jih iz olja z žlico z režami ali kleščami in jih prenesite na krožnik, obložen s papirnatimi brisačkami, da vpijejo odvečno olje.
f) Postopek ponavljamo s preostalim sladkim krompirjem, dokler ni ves kuhan.
g) Sladki krompir tempura postrezite vroč z omako za namakanje po vaši izbiri. Nastanejo okusna in hrustljava predjed ali pa jih postrežemo kot prilogo k glavni jedi.

23. Puran in tempura iz sladkega krompirja

SESTAVINE:
- 2 puranja kotleta, narezana na tanke rezine
- 1 majhen sladki krompir, olupljen in na tanke rezine narezan
- 1 skodelica večnamenske moke
- ¼ skodelice koruznega škroba
- ¼ čajne žličke pecilnega praška
- ¼ čajne žličke soli
- 1 skodelica ledeno mrzle vode
- Rastlinsko olje za cvrtje
- Medeno gorčična omaka ali vaša najljubša omaka za namakanje za serviranje

NAVODILA:
a) Puranje kotlete in sladki krompir narežemo na tanke trakove.
b) V skledi zmešajte moko, koruzni škrob, pecilni prašek in sol.
c) Postopoma dodajte ledeno mrzlo vodo k suhim sestavinam in mešajte, dokler testo ni gladko s grudicami.
d) V cvrtniku ali velikem loncu segrejte rastlinsko olje na 180 °C (360 °F).
e) Vsak puranji trak in rezino sladkega krompirja pomočite v testo in ju enakomerno premažite.
f) Na segreto olje previdno položimo oluščenega purana in sladki krompir ter zlato rjavo pražimo in ju enkrat obrnemo za enakomerno pečenje.
g) Ocvrtega purana in sladki krompir z žlico z režami poberemo iz olja in ju prestavimo na krožnik, obložen s papirnato brisačo, da odteče odvečno olje.
h) Postrezite puranje in sladko krompirjevo tempuro z medeno gorčično omako ali vašo najljubšo omako za namakanje za okusno kombinacijo okusov.

24. Nachos iz sladkega krompirja

SESTAVINE:
- 1 žlica olivnega olja
- ⅓ skodelice sesekljanega paradižnika
- ⅓ skodelice sesekljanega avokada
- 1 čajna žlička čilija v prahu
- 1 čajna žlička česna v prahu
- 3 sladki krompirji
- 1½ čajne žličke paprike
- ⅓ skodelice manj mastnega naribanega sira Cheddar

NAVODILA:
a) Pečico segrejte na 425 stopinj Fahrenheita. Pekače premažite s pršilom za kuhanje proti prijemanju in jih pokrijte s folijo.
b) Olupite in tanko narežite sladki krompir na 14-palčne kroge.
c) Kroglice potresemo z oljčnim oljem, čilijem v prahu, česnom v prahu in papriko.
d) Enako razporedite po predhodno segreti ponvi in pecite 25 minut, na polovici časa pečenja obrnite, dokler ne postane hrustljavo.
e) Odstranite ponev iz pečice in sladki krompir obložite s fižolom in sirom.
f) Pečemo še 2 minuti, dokler se sir ne stopi.
g) Vmešajte paradižnik in avokado. Postrezite.

25. Pečen čips iz sladkega krompirja

SESTAVINE:
- 2 velika sladka krompirja
- 2 žlici olivnega olja
- Sol in poper po okusu

NAVODILA:
a) Pečico segrejte na 375 °F (190 °C).
b) Operite in olupite sladki krompir. Z rezalnikom za mandoline ali ostrim nožem jih narežite na tanke rezine.
c) V veliki skledi premešajte rezine sladkega krompirja z oljčnim oljem, soljo in poprom, dokler niso enakomerno prekrite.
d) Rezine v eni plasti razporedite po pekaču, obloženem s peki papirjem.
e) Pecite 15-20 minut, čips do polovice obrnite, dokler ni hrustljav in rahlo porjavel.
f) Odstranite iz pečice in pustite, da se čips ohladi, preden ga postrežete.

26. Čips iz sladkega krompirja s curryjem

SESTAVINE:
- 2 velika sladka krompirja
- 2 žlici olivnega olja
- 1 čajna žlička karija v prahu
- ½ čajne žličke soli
- ¼ čajne žličke mlete kurkume
- ¼ čajne žličke mlete kumine

NAVODILA:
a) Pečico segrejte na 375 °F (190 °C).
b) Operite in olupite sladki krompir. Z rezalnikom za mandoline ali ostrim nožem jih narežite na tanke rezine.
c) V skledi premešajte rezine sladkega krompirja z oljčnim oljem, karijem, soljo, kurkumo in kumino, dokler niso dobro prekrite.
d) Rezine v eni plasti razporedite po pekaču, obloženem s peki papirjem.
e) Pecite 15-20 minut, čips do polovice obrnite, dokler ni hrustljav in rahlo porjavel.
f) Odstranite iz pečice in pustite, da se čips ohladi, preden ga postrežete.

27. BBQ sladki krompirjevi čipsi

SESTAVINE:
- 2 srednje velika sladka krompirja
- 2 žlici olivnega olja
- 1 žlica začimbe za žar
- ½ čajne žličke soli

NAVODILA:
a) Pečico segrejte na 375 °F (190 °C).
b) Operite in olupite sladki krompir.
c) Sladki krompir na tanko narežite z rezalnikom za mandoline ali ostrim nožem.
d) V skledi zmešajte oljčno olje, začimbe za žar in sol.
e) V mešanico stresite rezine sladkega krompirja, dokler niso dobro prekrite.
f) Rezine sladkega krompirja razporedimo po pekaču, obloženem s peki papirjem.
g) Pečemo 15-20 minut oziroma dokler niso hrustljavi in rahlo karamelizirani.
h) Pustite, da se čips ohladi, preden ga postrežete.

28. Kroglice sladkega krompirja

SESTAVINE:
- Sol in poper
- ½ pečenega sladkega krompirja, narezanega
- 2 jajci
- ½ skodelice zelenjave po izbiri: mikrozelenje, rukola, špinača ali drugo
- EVOO

NAVODILA:
a) ¾ zelenja položimo na krožnik in ga rahlo pokapljamo z oljčnim oljem in ščepcem soli.
b) Ponev ali rešetko segrejte na srednji vročini.
c) Dodamo olivno olje, nato pa v ponev položimo rezine sladkega krompirja.
d) Začinimo s soljo in poprom.
e) Kuhajte, dokler dno ne porjavi, nato obrnite.
f) Rezine sladkega krompirja vzemite iz ponve in jih razporedite po predhodno kuhani zelenici.
g) V ponev razbijte dve jajci.
h) Začinimo jih z malo soli in popra.
i) Dodajte jajca kuhanim sladkim krompirjem na vrhu.
j) Jed okrasite s prihranjenim zelenjem.

29. Puranji drsniki s sladkim krompirjem

SESTAVINE:
- 4 trakovi dimljene slanine iz jabolčnega lesa, drobno narezani
- 1 funt mletega purana
- ½ skodelice panko drobtin
- 2 veliki jajci
- ½ skodelice naribanega parmezana
- 4 žlice sesekljanega svežega cilantra
- 1 čajna žlička posušene bazilike
- ½ čajne žličke mlete kumine
- 1 žlica sojine omake
- 2 velika sladka krompirja
- Nastrgan sir Colby-Monterey Jack

NAVODILA:

a) V veliki ponvi kuhajte slanino na srednjem ognju, dokler ni hrustljava; odcedite na papirnatih brisačah. Zavrzite vse kapljice razen 2 žlic. Postavite ponev na stran. Kombinirajte slanino z naslednjimi 8 sestavinami, dokler niso dobro premešane; pokrijte in ohladite vsaj 30 minut.

b) Pečico segrejte na 425°. Sladki krompir narežite na 20 rezin, debelih približno ½ in. Rezine položite na nenamaščen pekač; pecite, dokler sladki krompir ni mehak, a ne kašast, 30-35 minut. Odstranite rezine; ohladite na rešetki.

c) Segrejte ponev s pridržanimi kapljicami na srednje močnem ognju. Puranje mešanico oblikujte v polpetke v velikosti drsnika. Drsnike pečemo v serijah, 3-4 minute na vsaki strani, pri čemer pazimo, da ne napolnimo ponve. Po prvem obračanju vsakega drsnika dodajte ščepec naribanega čedarja. Kuhajte, dokler termometer ne pokaže 165° in dokler ne steče sok.

d) Za postrežbo položite vsak drsnik na rezino sladkega krompirja; namažite z medeno dijonsko gorčico. Pokrijte z drugo rezino sladkega krompirja.

e) Prebodemo z zobotrebcem.

30. Tinga takosi iz sladkega krompirja in korenja

SESTAVINE:
- ¼ skodelice vode
- 1 skodelica tanko narezane bele čebule
- 3 stroki česna, sesekljani
- 2 ½ skodelice naribanega sladkega krompirja
- 1 skodelica naribanega korenja
- 1 pločevinka (14 unč) na kocke narezanega paradižnika
- 1 čajna žlička mehiškega origana
- 2 papriki Chipotle v adobo
- ½ skodelice zelenjavne juhe
- 1 Avokado, narezan
- 8 tortilj

NAVODILA:
a) V veliki ponvi na srednjem ognju dodajte vodo in čebulo ter kuhajte 3-4 minute, dokler čebula ne postekleni in se zmehča. Dodamo česen in še naprej kuhamo, mešamo 1 minuto.
b) V ponev dodajte sladki krompir in korenček ter med pogostim mešanjem kuhajte 5 minut.

OMAKA:
c) Na kocke narezan paradižnik, zelenjavno osnovo, origano in papriko dajte v mešalnik in jih pretlačite do gladkega.
d) V ponev dodajte čipotle-paradižnikovo omako in med občasnim mešanjem kuhajte 10-12 minut, dokler se sladki krompir in korenje ne skuhata. Po potrebi v ponev dolijemo še zelenjavno osnovo.
e) Postrezite na toplih tortiljah in na vrh položite rezine avokada.

31. <u>iz leče in riža</u>

SESTAVINE:

- ¾ skodelice leče
- 1 sladki krompir
- 10 listov sveže špinače
- 1 skodelica svežih gob, sesekljanih
- ¾ skodelice mandljeve moke
- 1 čajna žlička pehtrana
- 1 čajna žlička česna v prahu
- 1 čajna žlička peteršiljevih kosmičev
- ¾ skodelice dolgozrnatega riža

NAVODILA:

a) Skuhajte riž, dokler ni kuhan in rahlo lepljiv, lečo pa do mehkega. Rahlo ohladimo.
b) Olupljen sladki krompir drobno nasekljamo in skuhamo do mehkega. Rahlo ohladimo.
c) Liste špinače je treba sprati in drobno narezati.
d) Zmešajte vse sestavine in začimbe ter dodajte sol in poper po okusu.
e) Ohladite v hladilniku 15-30 min.
f) Oblikujte mesne kroglice in jih prepražite v ponvi ali na zelenjavnem žaru.
g) Poskrbite, da boste pekač namastili ali popršili s Pam, saj se te mesne kroglice rade sprimejo.

GLAVNA JED

32. Enolončnica iz sladkega krompirja Marshmallow

SESTAVINE:
- 4 ½ funtov sladkega krompirja
- 1 skodelica granuliranega sladkorja
- ½ skodelice zmehčanega veganskega masla
- ¼ skodelice rastlinskega mleka
- 1 čajna žlička vanilijevega ekstrakta
- ¼ čajne žličke soli
- 1 ¼ skodelice žitnih koruznih kosmičev, zdrobljenih
- ¼ skodelice sesekljanih pekanov
- 1 žlica rjavega sladkorja
- 1 žlica veganskega masla, stopljenega
- 1½ skodelice miniaturnega marshmallowa

NAVODILA:
a) Pečico segrejte na 425 stopinj Fahrenheita.
b) Sladki krompir pražimo 1 uro ali dokler se ne zmehča.
c) Sladki krompir prerežite na pol in izdolbite notranjost v posodo za mešanje.
d) Z električnim mešalnikom stepite pire iz sladkega krompirja, granulirani sladkor in naslednjih 5 sestavin do gladkega.
e) Krompirjevo zmes z žlico položite v namaščen pekač velikosti 11 x 7 palcev.
f) V skledi za mešanje zmešajte koruzne kosmiče in naslednje tri sestavine.
g) Potresemo v diagonalnih vrstah 2 cm narazen po jedi.
h) Pečemo 30 minut.
i) V med vrstice koruznih kosmičev potresemo marshmallows; pečemo 10 minut.

33. Enolončnica iz sladkega krompirja iz koruznih kosmičev

SESTAVINE:
- 2 jajci
- 3 skodelice pire sladkega krompirja
- 1 skodelica sladkorja
- ½ skodelice masla, stopljenega
- ⅓ skodelice mleka
- 1 čajna žlička vanilijevega ekstrakta

PRELIV:
- 3 skodelice koruznih kosmičev
- ⅔ skodelice masla, stopljenega
- 1 skodelica pakiranega rjavega sladkorja
- ½ skodelice sesekljanih orehov
- ½ skodelice rozin

NAVODILA:
a) V veliki skledi stepite jajca, nato dodajte naslednjih 5 sestavin in dobro premešajte.
b) Zajemajte v nenamaščen pekač 13"x9". Sestavine za preliv zmešamo in potresemo po krompirju.
c) Pečemo pri 350 stopinjah približno 30 do 40 minut.

34. Fižol, prosena štruca s sladkim krompirjem

SESTAVINE:
- 1 skodelica sesekljanih gob
- 1 žlica olja
- 1 skodelica na kocke narezanega sladkega krompirja
- Voda, če je potrebno
- ½ skodelice svilenega tofuja
- 2 žlici salse (neobvezno)
- 2 žlici krompirjevega škroba
- 15-unčna pločevinka rdečega fižola, odcejena in splaknjena
- ½ skodelice kuhanega prosa
- 1 skodelica rženega kruha, narezanega na majhne kocke
- ½ skodelice odmrznjene koruze ali koruze, sveže postrgane s storža
- 1 čajna žlička sesekljanega rožmarina
- ½ čajne žličke soli
- ½ skodelice opečenih, drobno sesekljanih oreščkov, katera koli sorta (neobvezno)

NAVODILA:
a) Segrejte težko ponev na srednje močnem ognju. Dodamo gobe in na suho pražimo, da spustijo sok. Zmanjšajte toploto.
b) Dodamo olje in sladki krompir, pokrijemo in kuhamo toliko časa, da se sladki krompir zmehča.
c) Po potrebi dodamo malo vode, da se krompir ne sprime. Ko so krompir in gobe pripravljeni, odstranite približno ½ skodelice in zmešajte s tofujem, salso in krompirjevim škrobom. Dobro premešaj. Dati na stran.
d) Pečico segrejte na 350 stopinj. Pekač obložimo s peki papirjem. V veliki posodi za mešanje zmešajte rdeči fižol, proso in rženi kruh ter jih pretlačite, dokler se ne zmešajo.
e) Vmešajte mešanico tofuja, koruze, rožmarina, soli in oreščkov.
f) Dobro premešaj. Polovico te mešanice razporedite po pekaču.
g) Čez plast položimo preostale gobe in sladki krompir, nato pa po vrhu razporedimo preostalo mešanico fižola in prosa. Pogladite. Pečemo 45 minut.
h) Odstranite iz pečice in obrnite na hladilno stojalo, da se ohladi.

35. <u>Njoki iz sladkega krompirja s pestom iz rukole</u>

SESTAVINE:
- 2 velika sladka krompirja, pečena in olupljena
- 2 skodelici večnamenske moke, plus dodatek za posip
- 1 čajna žlička soli
- ½ čajne žličke mletega črnega popra
- ¼ čajne žličke mletega muškatnega oreščka
- 2 skodelici svežih listov rukole (rukole).
- ½ skodelice naribanega parmezana
- ¼ skodelice pinjol
- 2 stroka česna, nasekljana
- ½ skodelice ekstra deviškega oljčnega olja
- Sol in poper po okusu

NAVODILA:
a) Pečen sladki krompir v veliki skledi pretlačimo do gladkega.
b) V ločeni skledi zmešajte večnamensko moko, sol, mleti črni poper in mleti muškatni orešček.
c) Postopoma dodajte mešanico moke v pire iz sladkega krompirja in dobro premešajte, dokler ne nastane mehko testo. Če je testo preveč lepljivo, dodamo še malo moke.
d) Testo prestavimo na rahlo pomokano površino in ga nežno gnetemo nekaj minut, dokler ni gladko.
e) Testo razdelite na majhne porcije. Vsak del razvaljajte v obliko vrvi s premerom približno ½ palca.
f) Vrvi narežite na majhne koščke, dolge približno 1 cm, da oblikujete njoke. Po želji z vilicami naredite robove na vsakem kosu.
g) Velik lonec osoljene vode zavremo. Dodamo njoke iz sladkega krompirja in jih kuhamo toliko časa, da priplavajo na površje. To naj traja približno 2-3 minute. Njoke odstranimo z žlico z režami in jih odstavimo.
h) V kuhinjskem robotu zmešajte sveže liste rukole, nariban parmezan, pinjole, mlet česen in ekstra deviško oljčno olje. Procesirajte, dokler mešanica ne oblikuje gladkega pesta. Začinimo s soljo in poprom po okusu.

i) V veliki ponvi na srednjem ognju segrejte nekaj oljčnega olja. Dodajte kuhane njoke iz sladkega krompirja in jih stresite v ponev, dokler niso dobro obloženi in segreti.

j) Njoke iz sladkega krompirja postrezite s pestom iz rukole, tako da njoke pokapate s pestom ali postrežete ob strani. Uživajte v okusni kombinaciji njokov iz sladkega krompirja in okusnega pesta iz rukole.

36. Njoki iz kostanja in sladkega krompirja

SESTAVINE:
NJOKI
- 1 + ½ skodelice praženega sladkega krompirja
- ½ skodelice kostanjeve moke
- ½ skodelice rikote iz polnomastnega mleka
- 2 žlički košer soli
- ½ skodelice moke brez glutena
- Beli poper po okusu
- Dimljena paprika po okusu

GOBA & KOSTANJ RAGU
- 1 skodelica gobe, narezana na 4
- 2-3 gobe portobello, narezane na tanke trakove
- 1 pladenj gob shimeji (belih ali rjavih)
- ⅓ skodelice kostanja, narezanega na kocke
- 2 žlici masla
- 2 šalotki, drobno sesekljani
- 2 stroka česna, drobno sesekljana
- 1 čajna žlička paradižnikove paste
- Belo vino (po okusu)
- Košer sol (po okusu)
- 2 žlici svežega žajblja, drobno sesekljanega
- Peteršilj po okusu

KONČATI
- 2 žlici oljčnega olja
- Parmezan (po okusu)

NAVODILA:
NJOKI
a) Pečico segrejte na 380 stopinj.
b) Sladki krompir povsod prebodemo z vilicami.
c) Sladki krompir položite na obrobljen pekač in ga pecite približno 30 minut ali dokler se ne zmehča. Malo ohladimo.
d) Olupite sladki krompir in ga prestavite v kuhinjski robot. Pire do gladkega.

e) V veliki skledi zmešajte dr sestavine (kostanjevo moko, sol, brezglutensko moko, beli poper in dimljeno papriko) in jih pustite ob strani.
f) Pire sladkega krompirja prenesite v veliko skledo. Dodajte rikoto in dodajte ¾ posušene mešanice. Testo prenesite na močno pomokano delovno površino in nežno gnetite z več moke, dokler se testo ne združi, vendar je še vedno zelo mehko.
g) Testo razdelite na 6-8 kosov in vsak kos razvaljajte v 1 cm debelo vrv.
h) Vrvi narežite na 1-palčne dolžine in vsak kos posujte z moko brez glutena.
i) Vsak njok razvaljajte ob konicah pomokanih vilic, da naredite majhne vdolbine.
j) Hranite ga na pladnju v hladilniku, dokler ga niste pripravljeni uporabiti.

GOBA & KOSTANJ RAGU

k) V vroči ponvi raztopimo maslo in dodamo ščepec soli.
l) Dodajte šalotko, česen in žajbelj ter pražite 10 minut, dokler šalotka ne postekleni.
m) Dodamo vse gobe in jih med stalnim mešanjem pražimo na močnem ognju.
n) Dodajte paradižnikovo pasto in belo vino ter pustite, da se zgosti, dokler gobe niso mehke in mehke.
o) Ragu po vrhu potresemo s svežim sesekljanim peteršiljem in narezanim kostanjem. Dati na stran.

KONČATI

p) Velik lonec osoljene vode zavremo. Dodajte njoke iz sladkega krompirja in kuhajte, dokler ne priplavajo na površje, približno 3-4 minute.
q) Z rešetkasto žlico preložimo njoke na velik krožnik. Ponovite s preostalimi njoki.
r) V veliki ponvi stopite 2 žlici olivnega olja.

s) Med nežnim mešanjem dodajte njoke, dokler njoki ne karamelizirajo.
t) Dodamo gobo Ragu in dodamo nekaj žlic vode za njoke.
u) Nežno premešajte in pustite kuhati 2-3 minute na močnem ognju.
v) Postrezite s posipom s parmezanom na vrhu.

37. Njoki iz sladkega krompirja in korenja

SESTAVINE:
- 1 velik sladki krompir, pečen in olupljen
- 1 večji korenček, kuhan in olupljen
- 2 skodelici večnamenske moke, plus dodatek za posip
- ½ čajne žličke soli
- ¼ čajne žličke mletega cimeta
- ¼ čajne žličke mletega muškatnega oreščka
- ¼ čajne žličke mletega ingverja
- Maslo ali oljčno olje za kuhanje
- Listi svežega žajblja za okras

NAVODILA:
a) V veliki skledi pretlačimo pečen sladki krompir in kuhan korenček do gladkega.
b) V ločeni skledi zmešajte večnamensko moko, sol, mleti cimet, mleti muškatni oreščček in mleti ingver.
c) Mešanico moke postopoma dodajajte pireju iz sladkega krompirja in korenja ter dobro mešajte, dokler ne nastane mehko testo. Če je testo preveč lepljivo, dodamo še malo moke.
d) Testo prestavimo na rahlo pomokano površino in ga nežno gnetemo nekaj minut, dokler ni gladko.
e) Testo razdelite na majhne porcije. Vsak del razvaljajte v obliko vrvi s premerom približno ½ palca.
f) Vrvi narežite na majhne koščke, dolge približno 1 cm, da oblikujete njoke. Po želji z vilicami naredite robove na vsakem kosu.
g) Velik lonec osoljene vode zavremo. Dodamo sladki krompir in korenčkove njoke ter jih kuhamo toliko časa, da priplavajo na površje. To naj traja približno 2-3 minute. Njoke odstranimo z žlico z režami in jih odstavimo.
h) V ločeni ponvi na srednjem ognju segrejte nekaj masla ali oljčnega olja. Dodamo kuhane njoke iz sladkega krompirja in korenja ter jih pražimo, da rahlo porjavijo in postanejo hrustljavi.
i) Njoke iz sladkega krompirja in korenja pred serviranjem okrasite s svežimi listi žajblja.

38. Puranja mesna štruca z mešanim fižolom in mandlji

SESTAVINE:

- ¼ skodelice rjavega sladkorja
- ½ skodelice pretlačene brusnične omake
- 2 funta mletega purana
- ¾ skodelice mleka
- ¾ skodelice krušnih drobtin
- 3 jajca; rahlo pretolčeno
- 1½ čajne žličke soli
- ⅛ čajne žličke popra
- ¼ skodelice narezane rdeče čebule
- ½ skodelice piščančje juhe
- ½ funta stročjega fižola
- ½ funta rumenega voščenega fižola
- ¼ skodelice orehovega olja
- Sol in poper po okusu
- 1 skodelica opečenih narezanih mandljev
- 2 krompirja Idaho; olupljen in narezan na ⅛-palčne debele rezine
- 2 sladki krompir; olupljen in narezan na ⅛-palčne debele rezine
- 1 skodelica mleka
- 1 skodelica težke smetane
- 1 žlica soli
- 1 žlica praženega česnovega pireja
- ¼ čajne žličke belega popra
- 1 ščepec muškatnega oreščka
- 1 žlica sesekljanega rožmarina

NAVODILA:
a) Pečico segrejte na 350 stopinj.
b) Za glazuro po dnu pomaščenega pekača razporedite rjavi sladkor in po sladkorju razporedite brusnično omako.
c) V veliki skledi zmešajte vse preostale sestavine, dokler se dobro ne premešajo.
d) Mesno mešanico oblikujte v pekač za hlebce in jo prelijte z brusnično glazuro.
e) Pečemo v pečici pri 350 stopinjah 1 uro (pazite, da sestavite in spečete krompirjev gratin skupaj z mesno štruco, saj imata enak čas pečenja). Štruco obrnemo in odstavimo.

MEŠAN FIŽOL MANDELJEV:
f) Fižol blanširajte v vreli, osoljeni vodi 1 minuto in nato šokirajte v kopeli z ledeno vodo.
g) Ko ste pripravljeni za večerjo, fižol potresite z orehovim oljem, soljo in poprom ter narezanimi mandlji in položite na pekač ter postavite v pečico z mesno štruco za zadnjih 10 minut, preden mesna štruca pride ven.

GRATINIRANI KROMPIR:
h) Pečico segrejte na 400 stopinj.
i) Krompir začinite s soljo in poprom ter ga položite v z maslom namazan 2-palčni globok pekač. Ostale sestavine zavremo in še vroče prelijemo čez krompir, da je krompir skoraj prekrit.
j) Pečemo pri 400 stopinjah, dokler se ne zmehča, približno eno uro.
k) Če želite sestaviti jed, mesno štruco narežite na 1,5 cm debele rezine in na krožnik položite lep kvadrat gratiniranega krompirja ter fižol zraven.
l) Vse postrezite še toplo.

39. Pečen losos in sladki krompir

SESTAVINE:
- 4 fileje lososa brez kože
- 4 srednje velike sladke krompirje, olupljene in narezane na 1 cm debele kose
- 1 skodelica cvetov brokolija
- 4 žlice čistega medu (ali javorjevega sirupa)
- 2 žlici pomarančne marmelade/džema
- 1 1-palčni svež svež ingver, nariban
- 1 čajna žlička dijonske gorčice
- 1 žlica sezamovih semen, opečenih
- 2 žlici nesoljenega masla, stopljenega
- 2 žlički sezamovega olja
- Sol in poper po okusu
- Mlada čebula/glava čebula, sveže sesekljana

NAVODILA:
a) Pečico segrejte na 400 F. Pekač namažemo s stopljenim neslanim maslom.
b) V ponev damo narezan sladki krompir in cvetke brokolija. Rahlo začinite s soljo, poprom in žličko sezamovega olja. Prepričajte se, da je zelenjava rahlo premazana s sezamovim oljem.
c) Krompir in brokoli pečemo 10-12 minut.
d) Medtem ko je zelenjava še v pečici pripravimo sladko glazuro. V skledo za mešanje dodajte med (ali javorjev sirup), pomarančno marmelado, nariban ingver, sezamovo olje in gorčico.
e) Pekač previdno vzamemo iz pečice in zelenjavo razporedimo ob strani, da naredimo prostor za ribe.
f) Lososa rahlo začinite s soljo in poprom.
g) Na sredino pekača položimo fileje lososa in lososa ter zelenjavo prelijemo s sladko glazuro.
h) Ponev vrnite v pečico in pecite dodatnih 8-10 minut ali dokler se losos ne zmehča kot vilice.
i) Prenesite lososa, sladki krompir in brokoli na lep servirni krožnik. Okrasite s sezamovimi semeni in mlado čebulo.

40. Teriyaki z lososom z zelenjavo

SESTAVINE:
- 4 fileje lososa, kožo in kosti odstranimo
- 1 velik sladki krompir (ali preprosto krompir), narezan na grižljaje
- 1 velik korenček, narezan na grižljaj
- 1 velika bela čebula, narezana na kolesca
- 3 velike paprike (zelena, rdeča in rumena), sesekljane
- 2 skodelici cvetov brokolija (lahko jih nadomestite s šparglji)
- 2 žlici ekstra deviškega oljčnega olja
- Sol in poper po okusu
- Mlada čebula, drobno sesekljana
- Teriyaki omaka
- 1 skodelica vode
- 3 žlice sojine omake
- 1 žlica česna, mletega
- 3 žlice rjavega sladkorja
- 2 žlici čistega medu
- 2 žlici koruznega škroba (raztopljenega v 3 žlicah vode)
- ½ žlice praženih sezamovih semen

NAVODILA:

a) V majhni ponvi na majhnem ognju zmešajte sojino omako, ingver, česen, sladkor, med in vodo. Nenehno mešajte, dokler mešanica ne zavre. Vmešajte vodo s koruznim škrobom in počakajte, da se zmes zgosti. Dodajte sezamova semena in odstavite.

b) Velik pekač namastite z neslanim maslom ali pršilom za kuhanje. Pečico segrejte na 400 F.

c) V veliko skledo stresite vso zelenjavo in jo pokapajte z oljčnim oljem. Dobro premešajte, dokler ni zelenjava dobro prekrita z oljem. Začinimo s sveže mletim poprom in malo soli. Zelenjavo prestavimo v pekač. Zelenjavo razporedite ob straneh in pustite nekaj prostora na sredini pekača.

d) Na sredino pekača položimo lososa. K zelenjavi in lososu prilijemo ⅔ teriyaki omake.

e) Lososa pečemo 15-20 minut.

f) Pečenega lososa in popečeno zelenjavo preložimo na lep servirni krožnik.

g) Prelijemo s preostalo teriyaki omako in okrasimo s sesekljano mlado čebulo.

41. Pizza s pečenimi koreninami

SESTAVINE:
- Univerzalna moka za popraševanje lupine za pico ali olivno olje za namastitev pladnja za pico
- 1 domače testo
- ½ glavice česna
- ½ sladkega krompirja, olupljenega, po dolžini prepolovljenega in na tanke rezine narezanega
- ½ čebulice koromača, prepolovljene, obrezane in na tanke rezine
- ½ pastinaka olupimo, po dolžini prepolovimo in na tanko narežemo
- 1 žlica olivnega olja
- ½ čajne žličke soli
- 4 unče nastrganega veganskega sira
- 1-unča veganskega sira, drobno naribanega
- 1 žlica sirupastega balzamičnega kisa

NAVODILA:

a) Olupek za pico rahlo potresemo z moko. Dodamo testo in ga s konicami prstov oblikujemo v krog. Dvignite ga, primite za rob z obema rokama in ga počasi zavrtite, pri čemer vsakič malo raztegnite rob, dokler krog ne doseže premera približno 14 centimetrov. Pomokano stran navzdol položite na lupino.

b) Pekač ali pekač namastimo z nekaj olivnega olja, ki smo ga namazali s papirnato brisačo. S konicami prstov položite testo na sredino testa, nato pa ga povlecite in pritiskajte, dokler ne nastane 14-palčni krog na pladnju ali nepravilen pravokotnik, približno 12 × 7 palcev, na pekaču.

c) Položite jo na pomokan lupino za pico, če uporabljate kamen za pico – ali pečeno skorjo položite kar na pladenj za pico.

d) Neolupljene stroke česna zavijte v vrečko iz aluminijaste folije in pecite ali pecite neposredno na ognju 40 minut.

e) Medtem stresite sladki krompir, koromač in pastinak v skledo z oljčnim oljem in soljo. Vsebino posode stresemo na pekač. Postavite v pečico ali na neogret del žara in pecite, občasno obrnite, dokler ni mehak in sladek, 15 do 20 minut.

f) Česen preložite na desko za rezanje in odprite zavojček, pri tem pazite na paro. Tudi pekač z zelenjavo odložimo na rešetko.
g) Povečajte temperaturo pečice ali plinskega žara na 450 °F ali dodajte nekaj več premoga na žar na oglje, da nekoliko povečate toploto.
h) Na pripravljeno skorjo razporedite nariban veganski sir, tako da na robu pustite ½-palčni rob. Na vrh sira z vso zelenjavo stisnite kašast, mehak česen iz njegovih papirnatih lupin in na pito. Na vrh potresemo nariban veganski sir.
i) Pico potisnite z lupine na vroč kamen ali jo položite na pladenj ali pekač v pečici ali na neogrevan del žara.
j) Pečemo ali pečemo na žaru pri zaprtem pokrovu, dokler skorja ne postane zlato rjava in celo nekoliko potemni na dnu, dokler se sir ne stopi in začne rjaveti, 16 do minut.
k) Potisnite lupino nazaj pod skorjo, da jo odstranite z vročega kamna, ali pico prenesite na pladenj ali pekač na rešetko. Odstavite za 5 minut.
l) Ko se pito nekoliko ohladi, jo pokapljajte z balzamičnim kisom in jo narežite na rezine za serviranje.

42. BBQ koruzna jalapeno pica s sladkim krompirjem

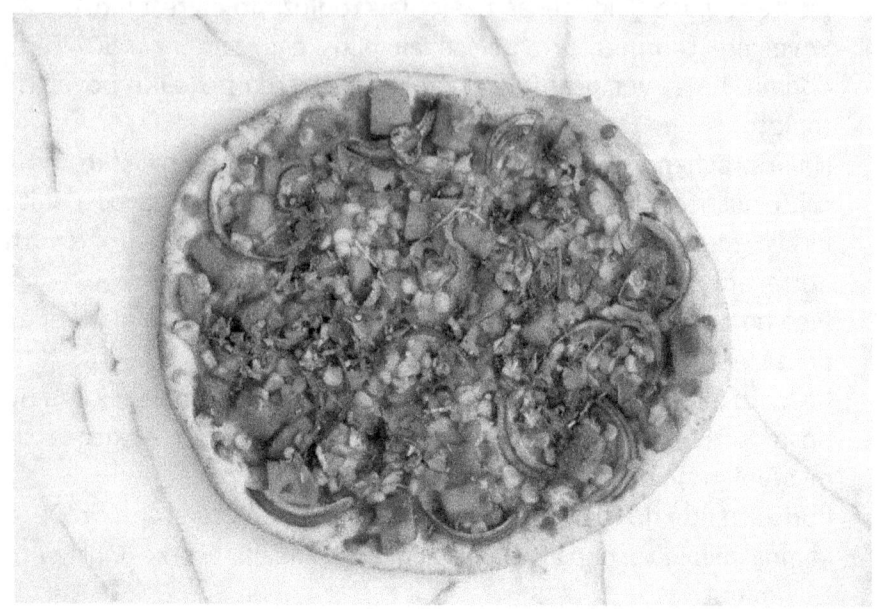

SESTAVINE:
- 1 skorja za pico
- 1 majhen sladki krompir, narezan na kocke
- ⅓ skodelice koruznih zrn, odmrznjenih, če so zamrznjena
- ½ čebule, narezane na debelo
- papriko ali drugo zelenjavo
- 1 narezan jalapeno
- ⅓ skodelice BBQ omake brez soje
- 3 čajne žličke začimb za žar

NAVODILA:

a) V ponvi na zmernem ognju skuhajte sladki krompir in koruzo. Dodajte vodo le toliko, da prekrije zelenjavo. Ko zavre, kuhajte 5 minut. Odcedimo in ohladimo za minuto, nato pa prestavimo v skledo.

b) Premešajte s čebulo, papriko/zelenjavo, 2 žlicama BBQ omake in dobrim kančkom črnega popra.

c) Testo za pico oblikujte v eno veliko pico s tanko skorjo.

d) Z oljčnim oljem namažite testo za pico. Na pico namažite mešanico sladkega krompirja. Dodajte jalapeno. Zelenjavo izdatno potresemo z začimbami za žar. Pokapajte nekaj ali vso BBQ omako.

e) Pečemo pri 425 stopinjah 16 do 18 minut. Ohladite minuto. Okrasite s cilantrom, več začimb za žar in več omake za žar, če želite. Narežemo in postrežemo.

43. <u>Matcha kuhana polenovka</u>

SESTAVINE:
- 2 skodelici juliena olupljenega sladkega krompirja
- 1 funt trske, razrezane na 4 kose
- 2 čajni žlički matcha prahu
- 4 žlice nesoljenega masla
- 8 vejic svežega timijana
- 4 rezine sveže limone
- 1 čajna žlička košer soli

NAVODILA:
a) Pečico segrejte na 425 stopinj F. Vzemite 4 liste pergamentnega papirja, vsakega približno 12 x 16 palcev, na polovico in nato razgrnite, da naredite gubo.
b) Na eno stran vsakega kosa pergamenta položite kup trakov sladkega krompirja in na vsakega položite kos polenovke.
c) Vsak kos ribe potresemo z 1 čajno žličko matche, nato na vrh vsakega dodamo 1 žlico masla, 2 vejici timijana in rezino limone; posolite.
d) Prepognite čez pergamentni papir, da obdate nadev, in stisnite robove, da zaprete in oblikujete paket v obliki polmeseca.
e) Prestavimo v pekač in pečemo 20 minut. Odstranite pakete iz pečice in jih pustite počivati 5 do 10 minut, preden jih odprete.

44. <u>Rižota iz sladkega krompirja z zelišči</u>

SESTAVINE:
- 1 žlica deviškega oljčnega olja
- 1 skodelica sladkega krompirja v kockah
- 1 skodelica riža Arborio
- ½ skodelice sesekljane čebule
- 1 žlica sesekljanega svežega žajblja
- 1 čajna žlička naribane pomarančne lupinice
- ⅛ čajne žličke mletega muškatnega oreščka
- 2 skodelici zelenjavne osnove
- ¼ skodelice pomarančnega soka
- Sol in črni poper
- 2 žlici sesekljanega svežega italijanskega peteršilja

NAVODILA:
a) V skledi, ki je primerna za uporabo v mikrovalovni pečici, segrejte olje v mikrovalovni pečici 1 minuto na visoki temperaturi.
b) Vmešajte sladki krompir, riž, čebulo, žajbelj, pomarančno lupinico in muškatni orešček.
c) Mikrovalovna pečica, odkrita 1 minuto. Primešajte 1½ skodelice jušne osnove.
d) Pecite v mikrovalovni pečici 10 minut in na polovici kuhanja enkrat premešajte.
e) Primešajte preostali ½ skodelice jušne osnove in pomarančni sok. Pecite v mikrovalovni pečici 15 minut in na polovici kuhanja enkrat premešajte.
f) Solimo in popramo po okusu. Potresemo s peteršiljem.

SLADKI KROMPIR

45. Začinjen krompirček s sladkim krompirjem

SESTAVINE:
- 1 večji beljak
- 2 žlički čilija v prahu
- ½ čajne žličke soli
- ¼ čajne žličke česna v prahu
- ¼ čajne žličke čebule v prahu
- 16 unč oluščenega sladkega krompirja, narezanega na ½-palčne trakove

NAVODILA:
a) Preden naredite kar koli drugega, pečico nastavite na 450 stopinj.
b) Vzemite skledo in zmešajte začimbe in jajca. Mešanico popolnoma stepite, nato ji dodajte krompir in vse premešajte, da se krompirček lepo prekrije.
c) Ves krompir položite v enolončnico in ga približno 11 minut pecite v pečici. Nato obrnite krompirček in nadaljujte s peko še 11 minut.

46. Sladki krompirček z javorjevo glazuro

SESTAVINE:
- 2 velika sladka krompirja
- 2 žlici olivnega olja
- 2 žlici javorjevega sirupa
- 1 žlica adobo omake (iz pločevinke chipotle paprike)
- ½ čajne žličke mletega popra (neobvezno, za dodatno toploto)
- ½ čajne žličke soli
- Svež cilantro ali peteršilj, za okras (neobvezno)

NAVODILA:
a) Pečico segrejte na 425 °F (220 °C). Pekač obložite s pergamentnim papirjem ali aluminijasto folijo.
b) Olupite sladki krompir in ga narežite na enake palčke, debele približno ¼ do ½ palca (0,6 do 1,3 cm).
c) V majhni skledi zmešajte olivno olje, javorjev sirup, adobo omako, mleto papriko (če jo uporabljate) in sol.
d) Palčke sladkega krompirja položite v veliko skledo in jih prelijte z javorjevo glazuro. Dobro premešajte, da se krompirček enakomerno prekrije z glazuro.
e) Obložen krompirček v eni plasti razporedite po pripravljenem pekaču, tako da med njimi ostane nekaj prostora za enakomerno pečenje.
f) Pekač postavite v predhodno ogreto pečico in pecite približno 25-30 minut ali dokler krompirček ni mehak in hrustljav, pri čemer ga na polovici časa pečenja obrnite, da se enakomerno zapeče.
g) Ko je krompirček pečen, ga vzemite iz pečice in pustite, da se ohladi za minuto. Glazura bo postala rahlo lepljiva, ko se ohladi.
h) Pomfri iz sladkega krompirja prenesite na servirni krožnik in po želji okrasite s svežim cilantrom ali peteršiljem.
i) Postrezite sladki krompirček z javorjevo glazuro kot okusno prilogo ali kot prigrizek. Zaradi sladkih in dimljenih okusov s pridihom vročine so priljubljena izbira za množice.

47. Sladki krompirček s cimetom in sladkorjem

SESTAVINE:
- 2 velika sladka krompirja
- 2 žlici olivnega olja
- 2 žlici granuliranega sladkorja
- 1 čajna žlička mletega cimeta

NAVODILA:
a) Pečico segrejte na 425 °F (220 °C) in obložite pekač s pergamentnim papirjem.
b) Sladki krompir operemo in osušimo, lupino pustimo. Narežite jih na ¼-palčni debel krompirček.
c) V veliki skledi potresite krompirček z oljčnim oljem, dokler ni dobro prevlečen.
d) V ločeni posodi zmešajte granulirani sladkor in mleti cimet.
e) Mešanico cimetovega sladkorja potresite po krompirčku in premešajte, dokler ni enakomerno prevlečen.
f) Pomfri razporedite v eni plasti po pekaču.
g) Pecite 20-25 minut, na polovici obrnite, dokler krompirček ne postane hrustljav.
h) Odstranite iz pečice in postrezite toplo.

48. Curry kokosov sladki krompirjev krompirček

SESTAVINE:
- 2 velika sladka krompirja
- 2 žlici kokosovega olja, stopljenega
- 1 žlica karija v prahu
- ½ čajne žličke kurkume
- ½ čajne žličke mlete kumine
- ½ čajne žličke paprike
- Sol in poper po okusu

NAVODILA:
a) Pečico segrejte na 425 °F (220 °C) in obložite pekač s pergamentnim papirjem.
b) Sladki krompir operemo in osušimo. Narežite jih na ¼ do ½ palca debel krompirček.
c) V veliki skledi premešajte sladki krompirček s stopljenim kokosovim oljem, karijem, kurkumo, kumino, papriko, soljo in poprom.
d) Pomfri razporedite v eni plasti po pekaču in pecite 25-30 minut, da postane hrustljav.
e) Odstranite iz pečice in pustite, da se nekaj minut ohladijo, preden jih postrežete.

49. Pomfrit sladkega krompirja z zelišči parmezan

SESTAVINE:

- 2 velika sladka krompirja
- 2 žlici olivnega olja
- ¼ skodelice naribanega parmezana
- 1 čajna žlička posušenega timijana
- 1 čajna žlička posušenega rožmarina
- ½ čajne žličke česna v prahu
- ½ čajne žličke soli
- ¼ čajne žličke črnega popra

NAVODILA:

a) Pečico segrejte na 425 °F (220 °C) in obložite pekač s pergamentnim papirjem.
b) Sladki krompir operemo in osušimo, lupino pustimo. Narežite jih na ¼-palčni debel krompirček.
c) V veliki skledi potresite krompirček z oljčnim oljem, dokler ni dobro prevlečen.
d) V ločeni skledi zmešajte nariban parmezan, posušen timijan, posušen rožmarin, česen v prahu, sol in črni poper.
e) Po krompirčku potresemo zeliščno mešanico parmezana in premešamo, dokler ni enakomerno prevlečen.
f) Pomfri razporedite v eni plasti po pekaču.
g) Pecite 20-25 minut, do polovice obrnite, dokler krompirček ni hrustljav, sir pa stopljen in zlato rjav.
h) Odstranite iz pečice in vroče postrezite.

50. Cajun začinjen sladki krompirček

SESTAVINE:
- 2 velika sladka krompirja
- 2 žlici olivnega olja
- 1 čajna žlička paprike
- ½ čajne žličke česna v prahu
- ½ čajne žličke čebule v prahu
- ½ čajne žličke posušenega timijana
- ¼ čajne žličke kajenskega popra (prilagodite okusu)
- Sol in poper po okusu

NAVODILA:
a) Pečico segrejte na 425 °F (220 °C) in obložite pekač s pergamentnim papirjem.
b) Sladki krompir operemo in osušimo. Narežite jih na ¼ do ½ palca debel krompirček.
c) V veliki skledi premešajte sladki krompirček z oljčnim oljem, papriko, česnom v prahu, čebulo v prahu, suhim timijanom, kajenskim poprom, soljo in poprom.
d) Pomfri razporedite v eni plasti po pekaču in pecite 25-30 minut, da postane hrustljav.
e) Odstranite iz pečice in pustite, da se nekaj minut ohladijo, preden jih postrežete.

51. Javorjev oreh s sladkim krompirjem

SESTAVINE:
- 2 velika sladka krompirja
- 2 žlici olivnega olja
- 2 žlici javorjevega sirupa
- ¼ skodelice sesekljanih pekanov
- ½ čajne žličke mletega cimeta
- ¼ čajne žličke soli

NAVODILA:
a) Pečico segrejte na 425 °F (220 °C) in obložite pekač s pergamentnim papirjem.
b) Sladki krompir operemo in osušimo, lupino pustimo. Narežite jih na ¼-palčni debel krompirček.
c) V veliki skledi potresite krompirček z oljčnim oljem, dokler ni dobro prevlečen.
d) Javorjev sirup pokapljajte po krompirčku in premešajte, dokler ni enakomerno prevlečen.
e) Po krompirčku potresemo sesekljane orehe, mleti cimet in sol ter ponovno premešamo, da se prelivi porazdelijo.
f) Pomfri razporedite v eni plasti po pekaču.
g) Pecite 20-25 minut, do polovice obrnite, dokler krompirček ni hrustljav in karameliziran.
h) Odstranite iz pečice in postrezite toplo.

52. Pomfrit s kokosovim curryjem in sladkim krompirjem

SESTAVINE:
- 2 velika sladka krompirja
- 2 žlici olivnega olja
- 2 žlički karija v prahu
- Nastrgan kokos
- ½ čajne žličke mlete kurkume
- ¼ čajne žličke kajenskega popra (prilagodite okusu)
- ½ čajne žličke soli

NAVODILA:
a) Pečico segrejte na 425 °F (220 °C) in obložite pekač s pergamentnim papirjem.
b) Sladki krompir operemo in osušimo, lupino pustimo. Narežite jih na ¼-palčni debel krompirček.
c) V veliki skledi potresite krompirček z oljčnim oljem, dokler ni dobro prevlečen.
d) V ločeni posodi zmešajte kari, kokos, mleto kurkumo, kajenski poper in sol.
e) Začimbno mešanico potresite po krompirčku in premešajte, dokler ni enakomerno prevlečen.
f) Pomfri razporedite v eni plasti po pekaču.
g) Pecite 20-25 minut, na polovici obrnite, dokler krompirček ni hrustljav in začimbe aromatične.
h) Odstranite iz pečice in vroče postrezite.

53. Pomfrit sladkega krompirja s parmezanom in cilantrom

SESTAVINE:
- 2 sladka krompirja, narezana na pomfrit
- 1 žlica oljčnega olja
- ¼ skodelice parmezana
- 2 žlici sesekljanega svežega cilantra
- 1 žlica sveže bazilike, sesekljane
- morska sol in mleti črni poper po okusu

NAVODILA:
a) Preden naredite kar koli drugega, pečico nastavite na 425 stopinj.
b) Vzemite skledo in zmešajte olivno olje in sladki krompir. Vse temeljito premešamo, nato pa krompir razporedimo v enolončnico.
c) Pomfrit pečemo v pečici 14 minut, nato ga obrnemo in pečemo še približno 10 minut.
d) Vse skupaj preložite v servirno skledo in na vrh položite krompirček, medtem ko je še vroč s parmezanom, baziliko in cilantrom. Vse premešajte, dodajte sol, ponovno premešajte in dodajte poper.

54. Pomfrit s sladkim krompirjem za valentinovo

SESTAVINE:
- 4 veliki sladki krompirji
- 2 žlici rastlinskega olja
- 1 čajna žlička cimeta
- ¼ skodelice javorjevega sirupa
- ¼ skodelice marshmallowa

NAVODILA:
a) Pečico segrejte na 425 °F (220 °C) in obložite pekač s pergamentnim papirjem.
b) Sladki krompir operemo in osušimo, lupino pustimo. Narežite jih na ¼ do ½ palca debel krompirček.
c) V veliki skledi potresite sladke krompirjeve krompirčke z rastlinskim oljem, dokler niso enakomerno prevlečeni.
d) Pomfri razporedite v eni plasti po pekaču in pecite 25-30 minut, da postane hrustljav.
e) V manjši skledi zmešajte cimet in javorjev sirup.
f) Odstranite sladki krompirček iz pečice in ga pokapajte z mešanico javorjevega sirupa.
g) Pomfri vrnite v pečico za nekaj minut, dokler sirup ne karamelizira.
h) Odstranite iz pečice in dokler je krompirček še vroč, po vrhu potresite mini marshmallow.
i) Pomfri postavite nazaj v pečico za nekaj minut, dokler se marshmallowi ne zmehčajo in rahlo stopijo.
j) Postrezite vroče in uživajte v sladkem in prazničnem sladkem krompirčku Sweetheart za valentinovo.

JUHE

55. Juha iz sladkega krompirja in tekile

SESTAVINE:
- 3 srednje veliki sladki krompirji
- 4 žlice tekile
- ¼ skodelice nesoljenega masla; sobna temp.
- Sveže nariban muškatni oreček po okusu
- ½ čajne žličke soli
- Sveže mleti beli poper po okusu

NAVODILA:
a) Neolupljen sladki krompir olupimo, narežemo na velike kose in kuhamo v rahlo osoljeni vreli vodi, dokler se ne zmehča. Nato odlijemo vodo, ponev pokrijemo in pustimo krompir približno 5 minut "puhati".
b) Na hitro olupite krompir, dodajte 2 žlici tekile, maslo in muškatni oreček. Stepajte z električnim mešalnikom ali predelajte v kuhinjskem robotu do gladkega.
c) Okusite in dodajte sol, beli poper in po želji še 2 žlici tekile. Postrežemo toplo.

56. <u>Lososova zelenjavna juha</u>

SESTAVINE:

- 2 fileja lososa, brez kože in narezana na velike kose
- 1 ½ skodelice bele čebule, drobno sesekljane
- 1 ½ skodelice sladkega krompirja, olupljenega in narezanega na kocke
- 1 skodelica cvetov brokolija, narezanih na majhne koščke
- 3 skodelice piščančje juhe
- 2 skodelici polnomastnega mleka
- 2 žlici večnamenske moke
- 1 čajna žlička posušenega timijana
- 3 žlice nesoljenega masla
- 1 lovorjev list
- Sol in poper po okusu
- Ploščat peteršilj, drobno sesekljan

NAVODILA:

a) Na nesoljenem maslu prepražimo sesekljano čebulo, da postekleni. Vmešamo moko in dobro premešamo z maslom in čebulo. Zalijemo s piščančjo juho in mlekom, nato dodamo kocke sladkega krompirja, lovorjev list in timijan.
b) Mešanico med občasnim mešanjem pustimo vreti 5-10 minut.
c) Dodajte cvetke lososa in brokolija. Nato kuhajte 5-8 minut.
d) Začinite s soljo in poprom ter po potrebi prilagodite okus.
e) Prenesite v majhne posamezne sklede in okrasite s sesekljanim peteršiljem.

57. Juha iz sladkega krompirja in korenja

SESTAVINE:
- 2 velika sladka krompirja, olupljena in narezana na kocke
- 2 korenčka, olupljena in narezana na kocke
- 1 čebula, narezana na kocke
- 3 stroki česna, sesekljani
- 4 skodelice zelenjavne juhe
- 1 čajna žlička mlete kumine
- 1/2 čajne žličke mletega ingverja
- 1/4 čajne žličke mletega cimeta
- Sol in poper po okusu
- Dodatki po želji: grški jogurt, sesekljana sveža zelišča

NAVODILA:
a) V velikem loncu na srednjem ognju segrejte nekaj olja.
b) V lonec dodamo na kocke narezan sladki krompir, korenje, čebulo in česen. Pražimo približno 5 minut.
c) V lonec dodajte zelenjavno juho, kumino, ingver in cimet. Začinimo s soljo in poprom.
d) Mešanico zavrite, nato zmanjšajte ogenj in pustite vreti približno 20-25 minut oziroma dokler se sladki krompir in korenje ne zmehčata.
e) Uporabite potopni mešalnik ali juho prenesite v mešalnik, da jo pretlačite do gladkega pireja.
f) Po potrebi prilagodite začimbe.
g) Juho iz sladkega krompirja in korenja postrezite vročo z dodatnimi dodatki, kot je grški jogurt, in sesekljanimi svežimi zelišči.

58. [Začinjen sladki krompir in čili iz črnega fižola](#)

SESTAVINE:
- 2 žlici olivnega olja
- 1 čebula, narezana na kocke
- 3 stroki česna, sesekljani
- 2 velika sladka krompirja, olupljena in narezana na kocke
- 1 rdeča paprika, narezana na kocke
- 1 pločevinka črnega fižola, opranega in odcejenega
- 1 pločevinka narezanega paradižnika
- 2 skodelici zelenjavne juhe
- 2 žlički čilija v prahu
- 1 čajna žlička mlete kumine
- 1/2 čajne žličke dimljene paprike
- Sol in poper po okusu
- Dodatki po želji: sesekljan koriander, nariban sir, kisla smetana

NAVODILA:
a) V velikem loncu na zmernem ognju segrejte olivno olje.
b) V lonec dodamo čebulo in česen ter pražimo, dokler čebula ne postekleni.
c) V lonec dodamo na kocke narezan sladki krompir in rdečo papriko ter kuhamo še nekaj minut.
d) V lonec dodamo črni fižol, na kocke narezan paradižnik (s sokom), zelenjavno juho, čili v prahu, kumino in dimljeno papriko. Dobro premešajte, da se poveže.
e) Mešanico zavrite, nato zmanjšajte ogenj in pustite vreti približno 20-25 minut ali dokler se sladki krompir ne zmehča.
f) Začinimo s soljo in poprom po okusu.
g) Začinjen sladki krompir in čili iz črnega fižola postrezite vroče z dodatnimi dodatki, kot so sesekljan koriander, nariban sir in kisla smetana.

59. Tajski curry iz sladkega krompirja

SESTAVINE:
- 2 žlici rastlinskega olja
- 1 čebula, narezana na kocke
- 3 stroki česna, sesekljani
- 2 žlici tajske rdeče curry paste
- 2 velika sladka krompirja, olupljena in narezana na kocke
- 1 pločevinka kokosovega mleka
- 1 skodelica zelenjavne juhe
- 1 žlica sojine omake
- 1 žlica rjavega sladkorja
- Sok 1 limete
- Izbirni dodatki: sesekljan svež koriander, narezan rdeči čili, rezine limete

NAVODILA:
a) V velikem loncu na srednjem ognju segrejte rastlinsko olje.
b) V lonec dodamo čebulo in česen ter pražimo, dokler čebula ne postekleni.
c) dodamo tajsko rdečo karijevo pasto in kuhamo minuto, da sprosti svoje okuse.
d) V lonec dodajte na kocke narezan sladki krompir, kokosovo mleko, zelenjavno juho, sojino omako in rjavi sladkor. Dobro premešajte, da se poveže.
e) Mešanico zavrite, nato zmanjšajte ogenj in pustite vreti približno 15-20 minut ali dokler se sladki krompir ne zmehča.
f) Vmešajte limetin sok.
g) Tajski kari iz sladkega krompirja postrezite vroč z dodatnimi dodatki, kot so sesekljan svež koriander, narezan rdeči čili in rezine limete. Postrezite z rižem ali z naan kruhom.

60. <u>Sladki krompir in koruzna juha</u>

SESTAVINE:
- 2 žlici masla
- 1 čebula, narezana na kocke
- 2 stroka česna, nasekljana
- 2 velika sladka krompirja, olupljena in narezana na kocke
- 2 skodelici zamrznjenih koruznih zrn
- 4 skodelice zelenjavne juhe
- 1 skodelica mleka (ali mleka brez mleka)
- 1/2 čajne žličke posušenega timijana
- Sol in poper po okusu
- Dodatki po želji: sesekljan svež peteršilj, nadrobljena slanina, nariban čedar sir

NAVODILA:
a) V večjem loncu na zmernem ognju raztopimo maslo.
b) V lonec dodamo na kocke narezano čebulo in sesekljan česen ter pražimo, dokler čebula ne postekleni.
c) V lonec dodamo na kocke narezan sladki krompir, zamrznjena koruzna zrna, zelenjavno juho, mleko, posušen timijan, sol in poper. Dobro premešajte, da se poveže.
d) Mešanico zavrite, nato zmanjšajte ogenj in pustite vreti približno 15-20 minut ali dokler se sladki krompir ne zmehča.
e) Uporabite potopni mešalnik ali del juhe prenesite v mešalnik, da postane gladek, nato pa jo vrnite v lonec. Ta korak ni obvezen, če imate raje bolj gosto juho.
f) Po potrebi prilagodite začimbe.
g) Sladko krompirjevo in koruzno juho postrezite vročo z neobveznimi dodatki, kot so sesekljan svež peteršilj, nadrobljena slanina in nariban sir cheddar.

61. Juha iz sladkega krompirja s kokosovim curryjem

SESTAVINE:
- 2 žlici rastlinskega olja
- 1 čebula, narezana na kocke
- 3 stroki česna, sesekljani
- 2 velika sladka krompirja, olupljena in narezana na kocke
- 1 pločevinka kokosovega mleka
- 3 skodelice zelenjavne juhe
- 2 žlički karija v prahu
- 1/2 čajne žličke mlete kurkume
- 1/2 čajne žličke mlete kumine
- Sol in poper po okusu
- Izbirni dodatki: sesekljan svež cilantro, rezine limete, praženi kokosovi kosmiči

NAVODILA:
a) V velikem loncu na srednjem ognju segrejte rastlinsko olje.
b) V lonec dodamo čebulo in česen ter pražimo, dokler čebula ne postekleni.
c) V lonec dodamo na kocke narezan sladki krompir in kuhamo nekaj minut.
d) V lonec dodajte kokosovo mleko, zelenjavno juho, kari v prahu, mleto kurkumo in mleto kumino. Dobro premešajte, da se poveže.
e) Mešanico zavrite, nato zmanjšajte ogenj in pustite vreti približno 15-20 minut ali dokler se sladki krompir ne zmehča.
f) Uporabite potopni mešalnik ali del juhe prenesite v mešalnik, da postane gladek, nato pa jo vrnite v lonec. Ta korak ni obvezen, če imate raje bolj krhko juho.
g) Začinimo s soljo in poprom po okusu.
h) Postrezite juho iz sladkega krompirja s kokosovim curryjem vročo z dodatnimi dodatki, kot so sesekljan svež koriander, rezine limete in popečeni kokosovi kosmiči.

62. Juha iz praženega sladkega krompirja in rdeče paprike

SESTAVINE:
- 2 velika sladka krompirja, olupljena in narezana na kocke
- 2 rdeči papriki, brez semen in narezani na kocke
- 1 čebula, narezana na kocke
- 3 stroki česna, sesekljani
- 2 žlici olivnega olja
- 4 skodelice zelenjavne juhe
- 1 čajna žlička prekajene paprike
- Sol in poper po okusu
- Dodatki po želji: grški jogurt, sesekljana sveža zelišča

NAVODILA:
a) Pečico segrejte na 425 °F (220 °C).
b) V večji pekač stresite na kocke narezan sladki krompir, rdečo papriko, čebulo in česen z oljčnim oljem.
c) Pečemo v pečici približno 25-30 minut oziroma dokler se zelenjava ne zmehča in rahlo karamelizira.
d) Pečeno zelenjavo preložimo v večji lonec. Dodamo zelenjavno juho in dimljeno papriko.
e) Mešanico zavremo, nato zmanjšamo ogenj in pustimo vreti približno 10 minut.
f) Uporabite potopni mešalnik ali juho prenesite v mešalnik, da jo pretlačite do gladkega pireja.
g) Po potrebi prilagodite začimbe.
h) Pečeno juho iz sladkega krompirja in rdeče paprike postrezite vročo z dodatnimi dodatki, kot je grški jogurt in sesekljana sveža zelišča.

63. Chipotle juha iz sladkega krompirja in črnega fižola

SESTAVINE:
- 2 žlici olivnega olja
- 1 čebula, narezana na kocke
- 3 stroki česna, sesekljani
- 2 velika sladka krompirja, olupljena in narezana na kocke
- 1 mlet poper v adobo omaki
- 1 pločevinka črnega fižola, opranega in odcejenega
- 4 skodelice zelenjavne juhe
- 1 čajna žlička mlete kumine
- 1/2 čajne žličke posušenega origana
- Sol in poper po okusu
- Dodatki po želji: sesekljan svež koriander, kisla smetana, na kocke narezan avokado

NAVODILA:
a) V velikem loncu na zmernem ognju segrejte olivno olje.
b) V lonec dodamo čebulo in česen ter pražimo, dokler čebula ne postekleni.
c) V lonec dodajte na kocke narezan sladki krompir, poper, črni fižol, zelenjavno juho, mleto kumino in posušen origano. Dobro premešajte, da se poveže.
d) Mešanico zavrite, nato zmanjšajte ogenj in pustite vreti približno 15-20 minut ali dokler se sladki krompir ne zmehča.
e) Uporabite potopni mešalnik ali del juhe prenesite v mešalnik, da postane gladek, nato pa jo vrnite v lonec. Ta korak ni obvezen, če imate raje bolj krhko juho.
f) Začinimo s soljo in poprom po okusu.
g) Postrezite vročo juho iz sladkega krompirja in črnega fižola z dodatnimi dodatki, kot so sesekljan svež koriander, kisla smetana in na kocke narezan avokado.

64. Juha s karijem iz sladkega krompirja in leče

SESTAVINE:
- 2 žlici rastlinskega olja
- 1 čebula, narezana na kocke
- 3 stroki česna, sesekljani
- 2 velika sladka krompirja, olupljena in narezana na kocke
- 1 skodelica oprane rdeče leče
- 4 skodelice zelenjavne juhe
- 1 pločevinka kokosovega mleka
- 2 žlici curryja v prahu
- 1 čajna žlička mlete kurkume
- Sol in poper po okusu
- Neobvezni dodatki: sesekljan svež koriander, rezine limete

NAVODILA:
a) V velikem loncu na srednjem ognju segrejte rastlinsko olje.
b) V lonec dodamo čebulo in česen ter pražimo, dokler čebula ne postekleni.
c) V lonec dodamo na kocke narezan sladki krompir in rdečo lečo ter kuhamo nekaj minut.
d) V lonec dodajte zelenjavno juho, kokosovo mleko, kari v prahu in mleto kurkumo. Dobro premešajte, da se poveže.
e) Mešanico zavrite, nato zmanjšajte ogenj in pustite vreti približno 20-25 minut oziroma dokler se sladki krompir ne zmehča in leča skuha.
f) Začinimo s soljo in poprom po okusu.
g) Juho iz sladkega krompirja in leče s karijem postrezite vročo z dodatnimi dodatki, kot so sesekljan svež koriander in rezine limete. Postrezite z rižem ali z naan kruhom.

65. Juha iz sladkega krompirja in jabolk

SESTAVINE:
- 2 žlici masla
- 1 čebula, narezana na kocke
- 2 stroka česna, nasekljana
- 2 velika sladka krompirja, olupljena in narezana na kocke
- 2 jabolki, olupljeni, brez peščic in narezani na kocke
- 4 skodelice zelenjavne juhe
- 1 čajna žlička mletega cimeta
- 1/4 čajne žličke mletega muškatnega oreščka
- Sol in poper po okusu
- Dodatki po želji: grški jogurt, sesekljana sveža zelišča

NAVODILA:
a) V večjem loncu na zmernem ognju raztopimo maslo.
b) V lonec dodamo na kocke narezano čebulo in sesekljan česen ter pražimo, dokler čebula ne postekleni.
c) V lonec dodamo na kocke narezan sladki krompir in jabolka ter kuhamo nekaj minut.
d) V lonec dodajte zelenjavno juho, mleti cimet in mleti muškatni oreščke. Dobro premešajte, da se poveže.
e) Mešanico zavrite, nato zmanjšajte ogenj in pustite vreti približno 20-25 minut oziroma dokler se sladki krompir in jabolka ne zmehčata.
f) Uporabite potopni mešalnik ali juho prenesite v mešalnik, da jo pretlačite do gladkega pireja.
g) Po potrebi prilagodite začimbe.
h) Juho iz sladkega krompirja in jabolk postrezite vročo z dodatki po želji, kot je grški jogurt in sesekljana sveža zelišča.

66. Jugozahodna juha iz sladkega krompirja in kvinoje

SESTAVINE:
- 2 žlici olivnega olja
- 1 čebula, narezana na kocke
- 3 stroki česna, sesekljani
- 2 velika sladka krompirja, olupljena in narezana na kocke
- 1 rdeča paprika, narezana na kocke
- 1 pločevinka narezanega paradižnika z zelenim čilijem
- 1/2 skodelice kvinoje, oprane
- 4 skodelice zelenjavne juhe
- 1 čajna žlička čilija v prahu
- 1/2 čajne žličke mlete kumine
- Sol in poper po okusu
- Dodatki po želji: sesekljan svež koriander, narezana zelena čebula, rezine avokada

NAVODILA:
a) V velikem loncu na zmernem ognju segrejte olivno olje.
b) V lonec dodamo čebulo in česen ter pražimo, dokler čebula ne postekleni.
c) V lonec dodamo na kocke narezan sladki krompir in rdečo papriko ter kuhamo nekaj minut.
d) V lonec dodamo narezan paradižnik z zelenim čilijem, kvinojo, zelenjavno juho, čilijem v prahu in mleto kumino. Dobro premešajte, da se poveže.
e) Mešanico zavrite, nato zmanjšajte ogenj in pustite vreti približno 15-20 minut oziroma dokler se sladki krompir ne zmehča in kvinoja skuha.
f) Začinimo s soljo in poprom po okusu.
g) Jugozahodno juho iz sladkega krompirja in kvinoje postrezite vročo z neobveznimi dodatki, kot so sesekljan svež koriander, narezana zelena čebula in rezine avokada.

67. <u>Juha iz praženega sladkega krompirja in ingverja</u>

SESTAVINE:
- 2 velika sladka krompirja, olupljena in narezana na kocke
- 1 čebula, narezana na kocke
- 3 stroki česna, sesekljani
- 2 žlici olivnega olja
- 4 skodelice zelenjavne juhe
- 2 žlički naribanega svežega ingverja
- 1/2 čajne žličke mletega koriandra
- Sol in poper po okusu
- Dodatki po želji: grški jogurt, sesekljan svež drobnjak

NAVODILA:
a) Pečico segrejte na 425 °F (220 °C).
b) V večji pekač stresite na kocke narezan sladki krompir, čebulo in česen z oljčnim oljem.
c) Pečemo v pečici približno 25-30 minut oziroma dokler se sladki krompir ne zmehča in rahlo karamelizira.
d) Pečeno zelenjavo preložimo v večji lonec. Dodajte zelenjavno juho, nariban ingver, mleti koriander, sol in poper.
e) Mešanico zavremo, nato zmanjšamo ogenj in pustimo vreti približno 10 minut.
f) Uporabite potopni mešalnik ali juho prenesite v mešalnik, da jo pretlačite do gladkega pireja.
g) Po potrebi prilagodite začimbe.
h) Pražen sladki krompir in ingverjevo juho postrezite vroče z neobveznimi prelivi, kot sta grški jogurt in sesekljan svež drobnjak.

68. Juha iz sladkega krompirja in kokosovega mleka z limeto

SESTAVINE:
- 2 žlici rastlinskega olja
- 1 čebula, narezana na kocke
- 3 stroki česna, sesekljani
- 2 velika sladka krompirja, olupljena in narezana na kocke
- 1 pločevinka kokosovega mleka
- 4 skodelice zelenjavne juhe
- Sok in lupina 1 limete
- Sol in poper po okusu
- Neobvezni dodatki: sesekljan svež koriander, rezine limete

NAVODILA:
a) V velikem loncu na srednjem ognju segrejte rastlinsko olje.
b) V lonec dodamo čebulo in česen ter pražimo, dokler čebula ne postekleni.
c) V lonec dodajte na kocke narezan sladki krompir, kokosovo mleko, zelenjavno juho, limetin sok in limetino lupinico. Dobro premešajte, da se poveže.
d) Mešanico zavrite, nato zmanjšajte ogenj in pustite vreti približno 15-20 minut ali dokler se sladki krompir ne zmehča.
e) Uporabite potopni mešalnik ali del juhe prenesite v mešalnik, da postane gladek, nato pa jo vrnite v lonec. Ta korak ni obvezen, če imate raje bolj krhko juho.
f) Začinimo s soljo in poprom po okusu.
g) Postrezite vročo juho iz sladkega krompirja in kokosovega mleka z limeto z dodatnimi dodatki, kot so sesekljan svež koriander in rezine limete.

69. Juha iz sladkega krompirja in ohrovta z italijansko klobaso

SESTAVINE:
- 2 žlici olivnega olja
- 1 čebula, narezana na kocke
- 3 stroki česna, sesekljani
- 2 velika sladka krompirja, olupljena in narezana na kocke
- 1 šop ohrovta, stebla odstranimo in liste nasekljamo
- 1 funt italijanske klobase, odstranjenih črev
- 4 skodelice piščančje ali zelenjavne juhe
- 1 čajna žlička posušenega timijana
- Sol in poper po okusu
- Dodatki po želji: nariban parmezan, hrustljav kruh

NAVODILA:
a) V velikem loncu na zmernem ognju segrejte olivno olje.
b) V lonec dodamo na kocke narezano čebulo in sesekljan česen ter pražimo, dokler čebula ne postekleni.
c) V lonec dodamo na kocke narezan sladki krompir in kuhamo nekaj minut.
d) V lonec dodamo narezan ohrovt in kuhamo, dokler ne oveni.
e) V ločeni ponvi kuhajte italijansko klobaso, dokler ne porjavi in se skuha, ter jo razrežite na manjše kose.
f) V lonec dodamo kuhano klobaso, piščančjo ali zelenjavno juho, posušen timijan, sol in poper. Dobro premešajte, da se poveže.
g) Mešanico zavrite, nato zmanjšajte ogenj in pustite vreti približno 15-20 minut ali dokler se sladki krompir ne zmehča.
h) Po potrebi prilagodite začimbe.
i) Postrezite vročo juho iz sladkega krompirja in ohrovta z italijansko klobaso z dodatnimi dodatki, kot sta nariban parmezan in hrustljav kruh.

SOLATE

70. Solata iz praženega sladkega krompirja in pršuta

SESTAVINE:
- Med 1 čajna žlička
- Limonin sok 1 žlica
- Zelena čebula (razdeljena in narezana) 2
- Sladka rdeča paprika (drobno sesekljana) ¼ skodelice
- Pekani (sesekljani in opečeni) ⅓ skodelice
- Redkvice (narezane) ½ skodelice
- Pršut (tanko narezan in narezan na julien) ½ skodelice
- Poper ⅛ čajne žličke
- ½ čajne žličke soli (razdeljeno)
- 4 žlice olivnega olja (razdeljeno)
- 3 sladki krompirji, srednji (olupljeni in narezani na 1-palčne kocke)

NAVODILA:
a) Pečico segrejte na 400 stopinj F.
b) Sladki krompir položite v pomaščen pekač (15x10x1 cm).

c) Pokapajte 2 žlici olja in potresite ¼ čajne žličke soli in popra ter jih pravilno premešajte. Pražimo pol ure in še vedno občasno.

d) Po sladkem krompirju potresemo malo pršuta in ga pražimo 10 do 15 minut, da se sladki krompir zmehča, pršut pa hrustljavo zapeče.

e) Mešanico prestavimo v večjo skledo in pustimo, da se nekoliko ohladi.

f) Dodajte polovico zelene čebule, rdečo papriko, pekan orehe in redkvice. Vzemite majhno skledo in zmešajte sol, preostalo olje, med in limonin sok, dokler se dobro ne premešajo.

g) Pokapljamo ga po solati; pravilno premešajte, da se združijo. Potresemo s preostalo zeleno čebulo.

71. Veggie Burger Burrito Bowl

SESTAVINE:
- 2 rastlinska burgerja
- 4 skodelice zelene solate
- 1/2 skodelice rjavega riža
- 1 srednje velik sladki krompir, narezan na kocke
- 1/2 skodelice kuhanega črnega fižola
- 1 majhen zrel avokado, brez koščic in mesa, narezan na tanke rezine
- 1/2 skodelice pico de gallo
- najljubši preliv

NAVODILA:
a) Skuhajte riž po navodilih na embalaži:; odložite, ko je končano.
b) Pečico segrejte na 375ºF in obložite pekač s pergamentnim papirjem.
c) Na obložen pekač položite na kocke narezan sladki krompir in ga pokapajte z oljčnim oljem; uporabite roke za popoln premaz.
d) Sladki krompir pečemo približno 20 minut oziroma dokler se ne zmehča.
e) Burger skuhajte po navedenih navodilih.
f) enakomerno porazdelite listnato zelenjavo, riž, kuhan sladki krompir, črni fižol, narezan avokado in pico de gallo .
g) Prelijte z rahlo ohlajenim burgerjem in pokapljajte z vašim najljubšim prelivom.

72. Solata iz praženega sladkega krompirja in črnega fižola

SESTAVINE:
- 2 velika sladka krompirja, olupljena in narezana na kocke
- 1 pločevinka črnega fižola, opranega in odcejenega
- 1 rdeča paprika, narezana na kocke
- 1/2 rdeče čebule, narezane na tanke rezine
- 1/4 skodelice sesekljanega svežega cilantra
- Sok 1 limete
- 2 žlici olivnega olja
- Sol in poper po okusu

NAVODILA:
a) Pečico segrejte na 425 °F (220 °C).
b) Na kocke narezan sladki krompir prelijemo z oljčnim oljem, soljo in poprom.
c) Sladki krompir razporedite po pekaču in pecite približno 20-25 minut oziroma dokler se ne zmehča in rahlo karamelizira.
d) V veliki skledi zmešajte pražen sladki krompir, črni fižol, na kocke narezano rdečo papriko, narezano rdečo čebulo, sesekljan koriander, limetin sok in olivno olje.
e) Začinimo s soljo in poprom po okusu.
f) Vse skupaj premešajte, dokler se dobro ne združi.
g) Solato iz praženega sladkega krompirja in črnega fižola postrezite na sobni temperaturi ali ohlajeno.

73. Solata iz sladkega krompirja in kvinoje z vinaigrette

SESTAVINE:
- 2 velika sladka krompirja, olupljena in narezana na kocke
- 1 skodelica kuhane kvinoje
- 1/4 skodelice posušenih brusnic
- 1/4 skodelice sesekljanih pekanov
- 1/4 skodelice zdrobljenega feta sira
- 2 žlici sesekljanega svežega peteršilja
- 2 žlici olivnega olja
- 1 žlica jabolčnega kisa
- 1 žlica javorjevega sirupa
- Sol in poper po okusu

NAVODILA:
a) Na pari ali na kocke narezan sladki krompir kuhajte, dokler ni mehak, a še vedno rahlo čvrst. Odcedite in pustite, da se ohladijo.
b) V veliki skledi zmešajte kuhan sladki krompir, kuhano kvinojo, posušene brusnice, sesekljane orehe pekan, zdrobljen feta sir in sesekljan peteršilj.
c) V ločeni majhni skledi zmešajte oljčno olje, jabolčni kis, javorjev sirup, sol in poper, da naredite vinaigrette.
d) Solato prelijemo z vinaigreto in vse skupaj premešamo, dokler ni dobro prekrito.
e) Po potrebi prilagodite začimbe.
f) Solato iz sladkega krompirja in kvinoje postrezite sobne temperature ali ohlajeno.

74. Solata iz sladkega krompirja in ohrovta z limoninim tahinijem

SESTAVINE:
- 2 velika sladka krompirja, olupljena in narezana na kocke
- 4 skodelice sesekljanih listov ohrovta
- 1/4 skodelice posušenih brusnic
- 1/4 skodelice praženih bučnih semen
- 2 žlici tahinija
- Sok 1 limone
- 2 žlici olivnega olja
- 1 strok česna, sesekljan
- Sol in poper po okusu

NAVODILA:
a) Na pari ali na kocke narezan sladki krompir kuhajte, dokler ni mehak, a še vedno rahlo čvrst. Odcedite in pustite, da se ohladijo.
b) V veliki skledi zmešajte kuhan sladki krompir, sesekljane liste ohrovta, posušene brusnice in pražena bučna semena.
c) V ločeni majhni skledi zmešajte tahini, limonin sok, olivno olje, sesekljan česen, sol in poper, da naredite preliv.
d) Preliv prelijemo čez solato in vse skupaj dobro premešamo.
e) Po potrebi prilagodite začimbe.
f) Solato iz sladkega krompirja in ohrovta postrežemo sobne temperature ali ohlajeno.

75. Solata iz sladkega krompirja na žaru

SESTAVINE:
- 2 velika sladka krompirja, olupljena in narezana na kolobarje
- 1 rdeča čebula, narezana na kolobarje
- 1 rdeča paprika, narezana na rezine
- 1/4 skodelice sesekljanega svežega cilantra
- Sok 2 limet
- 2 žlici olivnega olja
- 1 čajna žlička medu
- Sol in poper po okusu

NAVODILA:
a) Žar segrejte na srednje visoko temperaturo.
b) Kroglice sladkega krompirja, čebulne obročke in rezine rdeče paprike premažite z olivnim oljem ter začinite s soljo in poprom.
c) Količke sladkega krompirja, čebulne obročke in rezine rdeče paprike pecite na žaru približno 4-5 minut na vsako stran ali dokler ne zoglene in postanejo mehki.
d) Pečeno zelenjavo odstavimo z ognja in pustimo, da se nekoliko ohladi.
e) V veliki skledi zmešajte sladki krompir na žaru, čebulne obročke, rezine rdeče paprike, sesekljan koriander, limetin sok, olivno olje, med, sol in poper.
f) Vse skupaj premešajte, dokler ni dobro prekrito.
g) Solato iz sladkega krompirja na žaru postrežemo sobne temperature ali ohlajeno.

76. Solata iz sladkega krompirja in avokada

SESTAVINE:
- 2 velika sladka krompirja, olupljena in narezana na kocke
- 2 avokada, olupljena, brez koščic in narezana na kocke
- 1/2 rdeče čebule, narezane na tanke rezine
- 1/4 skodelice sesekljanega svežega cilantra
- Sok 2 limet
- 2 žlici oljčnega olja
- Sol in poper po okusu

NAVODILA:
a) Na pari ali na kocke narezan sladki krompir kuhajte, dokler ni mehak, a še vedno rahlo čvrst. Odcedite in pustite, da se ohladijo.
b) V veliki skledi zmešajte kuhan sladki krompir, na kocke narezan avokado, narezano rdečo čebulo, sesekljan koriander, limetin sok, olivno olje, sol in poper.
c) Vse skupaj premešajte, dokler ni dobro prekrito.
d) Po potrebi prilagodite začimbe.
e) Solato iz sladkega krompirja in avokada postrezite sobne temperature ali ohlajeno.

77. Solata iz sladkega krompirja in čičerike

SESTAVINE:
- 2 velika sladka krompirja, olupljena in narezana na kocke
- 1 pločevinka čičerike, oplaknjena in odcejena
- 1 kumara, narezana na kocke
- 1/4 skodelice sesekljanega svežega peteršilja
- 1/4 skodelice sesekljane sveže mete
- 1/4 skodelice zdrobljenega feta sira
- 1/4 skodelice navadnega grškega jogurta
- 2 žlici tahinija
- Sok 1 limone
- 2 žlici olivnega olja
- Sol in poper po okusu

NAVODILA:
a) Na pari ali na kocke narezan sladki krompir kuhajte, dokler ni mehak, a še vedno rahlo čvrst. Odcedite in pustite, da se ohladijo.
b) V veliki skledi zmešajte kuhan sladki krompir, čičeriko, na kocke narezano kumaro, sesekljan peteršilj, sesekljano meto in nadrobljen feta sir.
c) V ločeni majhni skledi zmešajte grški jogurt, tahini, limonin sok, olivno olje, sol in poper, da naredite preliv.
d) Preliv prelijemo čez solato in vse skupaj dobro premešamo.
e) Po potrebi prilagodite začimbe.
f) Solato iz sladkega krompirja in čičerike postrežemo sobne temperature ali ohlajeno.

78. Solata iz sladkega krompirja in špinače

SESTAVINE:

- 2 velika sladka krompirja, olupljena in narezana na kocke
- 4 skodelice listov mlade špinače
- 1/4 skodelice posušenih brusnic
- 1/4 skodelice zdrobljenega kozjega sira
- 2 žlici balzamičnega kisa
- 2 žlici olivnega olja
- 1 čajna žlička dijonske gorčice
- 1 čajna žlička medu
- Sol in poper po okusu

NAVODILA:

a) Na pari ali na kocke narezan sladki krompir kuhajte, dokler ni mehak, a še vedno rahlo čvrst. Odcedite in pustite, da se ohladijo.
b) V veliki skledi zmešajte kuhan sladki krompir, liste mlade špinače, posušene brusnice in nadrobljen kozji sir.
c) V ločeni majhni skledi zmešajte balzamični kis, olivno olje, dijonsko gorčico, med, sol in poper, da naredite vinaigrette.
d) Solato prelijemo z vinaigreto in vse skupaj premešamo, dokler ni dobro prekrito.
e) Po potrebi prilagodite začimbe.
f) Solato iz sladkega krompirja in špinače postrežemo sobne temperature ali ohlajeno.

79. <u>Solata iz sladkega krompirja in kvinoje</u>

SESTAVINE:
- 2 velika sladka krompirja, olupljena in narezana na kocke
- 1 skodelica kuhane kvinoje
- 1/2 skodelice češnjevih paradižnikov, prepolovljenih
- 1/4 skodelice sesekljanega svežega cilantra
- 1/4 skodelice sesekljane rdeče čebule
- Sok 1 limete
- 2 žlici olivnega olja
- 1 strok česna, sesekljan
- Sol in poper po okusu

NAVODILA:
a) Na pari ali na kocke narezan sladki krompir kuhajte, dokler ni mehak, a še vedno rahlo čvrst. Odcedite in pustite, da se ohladijo.
b) V veliki skledi zmešajte kuhan sladki krompir, kuhano kvinojo, češnjeve paradižnike, sesekljan koriander in sesekljano rdečo čebulo.
c) V ločeni majhni skledi zmešajte limetin sok, olivno olje, mlet česen, sol in poper, da naredite preliv.
d) Preliv prelijemo čez solato in vse skupaj dobro premešamo.
e) Po potrebi prilagodite začimbe.
f) Solato iz sladkega krompirja in kvinoje postrezite sobne temperature ali ohlajeno.

80. Cezarjeva solata iz sladkega krompirja in ohrovta

SESTAVINE:
- 2 velika sladka krompirja, olupljena in narezana na kocke
- 4 skodelice sesekljanih listov ohrovta
- 1/4 skodelice naribanega parmezana
- 1/4 skodelice krutonov
- 2 žlici olivnega olja
- Sok 1 limone
- 1 čajna žlička dijonske gorčice
- 1 strok česna, sesekljan
- Sol in poper po okusu

NAVODILA:
a) Na pari ali na kocke narezan sladki krompir kuhajte, dokler ni mehak, a še vedno rahlo čvrst. Odcedite in pustite, da se ohladijo.
b) V veliki skledi zmešajte sesekljane liste ohrovta, nariban parmezan, krutone in kuhan sladki krompir.
c) V ločeni majhni skledi zmešajte oljčno olje, limonin sok, dijonsko gorčico, sesekljan česen, sol in poper, da naredite preliv.
d) Preliv prelijemo čez solato in vse skupaj dobro premešamo.
e) Po potrebi prilagodite začimbe.
f) Cezarjevo solato iz sladkega krompirja in ohrovta postrežemo sobne temperature ali ohlajeno.

81. Solata iz sladkega krompirja in jabolk z javorjevim gorčičnim prelivom

SESTAVINE:
- 2 velika sladka krompirja, olupljena in narezana na kocke
- 2 jabolki, olupljeni, brez peščic in narezani na kocke
- 1/4 skodelice sesekljanih orehov
- 1/4 skodelice posušenih brusnic
- 2 žlici olivnega olja
- 1 žlica jabolčnega kisa
- 1 žlica javorjevega sirupa
- 1 čajna žlička dijonske gorčice
- Sol in poper po okusu

NAVODILA:

a) Na pari ali na kocke narezan sladki krompir kuhajte, dokler ni mehak, a še vedno rahlo čvrst. Odcedite in pustite, da se ohladijo.
b) V veliki skledi zmešajte kuhan sladki krompir, na kocke narezana jabolka, sesekljane orehe in posušene brusnice.
c) V ločeni majhni skledi zmešajte oljčno olje, jabolčni kis, javorjev sirup, dijonsko gorčico, sol in poper, da naredite preliv.
d) Preliv prelijemo čez solato in vse skupaj dobro premešamo.
e) Po potrebi prilagodite začimbe.
f) Solato iz sladkega krompirja in jabolk postrezite sobne temperature ali ohlajeno.

STRANI

82. Amaretto glaziran sladki krompir

SESTAVINE:
- 2 velika sladka krompirja, olupljena in narezana na kocke
- 2 žlici masla
- Sol in poper
- ¼ skodelice amaretta
- 2 žlici medu
- 1 žlica dijonske gorčice
- Sesekljan svež peteršilj, za okras

NAVODILA:
a) V veliki ponvi na zmernem ognju stopite maslo.
b) Dodamo na kocke narezan sladki krompir ter začinimo s soljo in poprom.
c) Sladki krompir kuhajte 10-12 minut, dokler se rahlo ne zmehča.
d) V majhni skledi zmešajte amaretto, med in dijonsko gorčico.
e) Sladki krompir prelijemo z amaretto glazuro in premešamo, da se prekrije.
f) Sladki krompir kuhajte še dodatnih 5-7 minut, dokler se glazura ne zgosti in je sladki krompir popolnoma kuhan.
g) Okrasite s sesekljanim peteršiljem in postrezite vroče.

83. Sladki krompir z limeto in tekilo

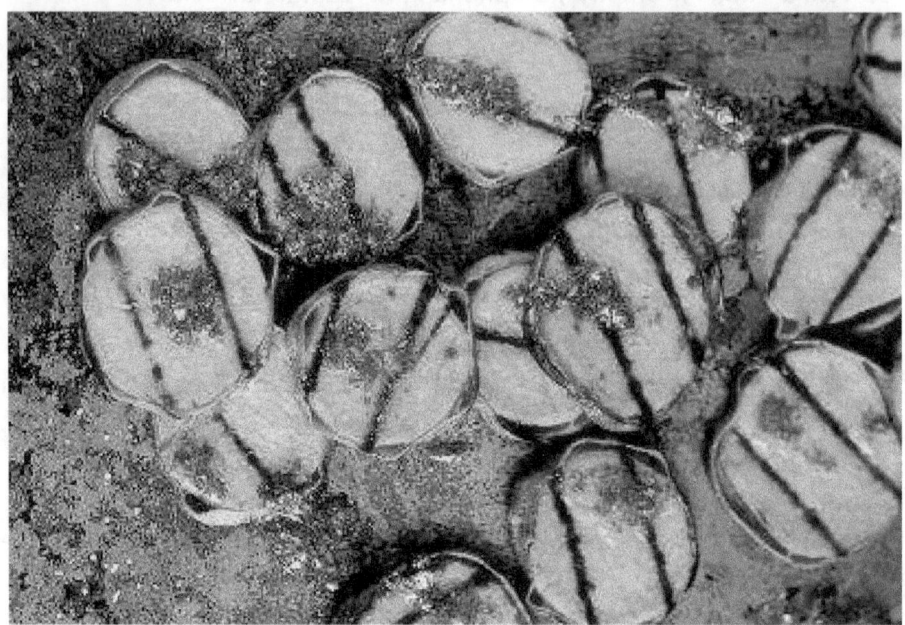

SESTAVINE:
- 2 funta sladkega krompirja; olupljen
- ¼ skodelice svežega limetinega soka
- 2 žlici medu
- 1 žlica tekile

NAVODILA:
a) Sladki krompir narežite na ¾-palčne rezine. Rezine kuhajte v veliki ponvi na močnem ognju približno 6 minut. Odtok. Sladki krompir naj bo ravno mehak. V skledi zmešajte limetin sok, med in tekilo.
b) Premažite krompir. Pečemo na pomaščeni rešetki 4 do 6 minut. Večkrat namažite z mešanico in pogosto obrnite. Sladki krompir je pečen, ko je popečen.

84. Na lesu ocvrta zelenjava

SESTAVINE:
- 2-4 žlice oljčnega olja
- 2-4 žlice masla
- 1 skodelica olupljenih korenčkov
- 1 skodelica majhnega krompirja, narezanega na kocke
- 1 skodelica sladkega krompirja Olupljen in narezan
- 1 srednja čebula, narezana
- ½ skodelice buče, seveda narezane
- ½ skodelice narezanih gob
- ¾ skodelice paprike, narezane na rezine
- 2-3 stroki česna sesekljani ali narezani na kocke
- Pest češnjevih paradižnikov, prerežite na pol
- 1 čajna žlička rožmarina
- Sol in mlet poper po okusu
- Ostale začimbe po želji

NAVODILA:
a) Ponev iz ogljikovega jekla segrevajte 5-10 minut.
b) Pripravite 3-5 različnih vrst zelenjave in jih stresite na oljčno olje in maslo ter začinite s soljo in poprom.
c) Da se zelenjava ne sprime, sestavine nežno premešajte in ponev občasno obrnite.
d) Vanj stresemo česen, pest češnjevih paradižnikov z vrta, rožmarin in začimbe po okusu.
e) Kuhajte, dokler zmes ne zadiši.

85. <u>Veganski kandirani jam</u>

SESTAVINE:
- 4 veliki granatni sladki rdeči krompirji, narezani na kolobarje
- 2 žlici vode
- 1 skodelica svetlega ali temno rjavega sladkorja
- 1 skodelica organskega trsnega sladkorja
- 1 žlica cimeta v prahu
- 2 žlici vanilijevega ekstrakta
- 2 žlici limoninega soka
- ¼ skodelice veganskega masla

NAVODILA:
a) Krompir položite v veliko skledo za mešanje.
b) Vzemite velik lonec ali nizozemsko pečico in jo postavite na kuhalno ploščo.
c) Na dno posode nalijte vodo. Nato v lonec položite polovico sladkega krompirja.
d) Prelijte s ½ skodelice organskega trsnega sladkorja in ½ skodelice rjavega sladkorja.
e) Dodajte drugo plast sladkega krompirja in prelijte s preostalim ½ skodelice organskega trsnega sladkorja in ½ skodelice rjavega sladkorja.
f) Dodajte svoj cimet v prahu, ekstrakt vanilije in limonin sok.
g) Pustite kuhati 10 minut.
h) Po 10 minutah odstranite pokrov in z leseno lopatko obrnite zgornji krompir, pri čemer pazite, da se zgornja plast čim bolj dotika sladkornega sirupa.
i) Lonec znova pokrijte s pokrovom, pokrov pa pustite odprt in pustite, da se kuha približno 25 minut, dokler se krompir ne zmehča.
j) Ko je ves krompir mehak, dodajte vegansko maslo in pustite, da se maslo stopi na jam.
k) Postrezite s svojo najljubšo vegansko glavno hrano za zahvalni dan za nasitno vegansko praznovanje zahvalnega dne!

86. Pire iz sladkega krompirja iz melase

SESTAVINE:
- 4 sladki krompirji, narezani na 1-palčne kose
- 8 korenčkov, narezanih na 1-palčne kose
- 4 pastinak, narezan na 1-palčne kose
- Košer sol
- 4 žlice. nesoljeno rastlinsko maslo
- 1/4 skodelice kisle smetane
- 1/4 skodelice melase
- 1 žlica. drobno nariban svež ingver
- 1/2 skodelice pol in pol
- Sveže mleti črni poper

NAVODILA:
a) Sladki krompir, korenje in pastinak dajte v ponev in pokrijte z vodo.
b) Zavremo, nato zmanjšamo ogenj in kuhamo 15 do 20 minut oziroma dokler se zelenjava ne zmehča. Odcedite in vrnite v ponev.
c) Zelenjavo posušite v ponvi, ponev občasno pretresite, da se ne sprime.
d) Dodajte rastlinsko maslo, rastlinsko kislo smetano, melaso, ingver in pol-pol.
e) Pred serviranjem dodajte sol in poper, okusite in prilagodite začimbe.

SLADICA

87. Sladka krompirjeva pita Tiramisu

SESTAVINE:

- 8 unč sira mascarpone, zmehčanega
- ½ skodelice granuliranega sladkorja plus ena žlica ločeno
- ⅓ skodelice pakiranega rjavega sladkorja
- 15 unč sladkega krompirja v sirupu, odcejenega in pretlačenega
- ½ čajne žličke mletega cimeta in več za okras
- ¼ čajne žličke mletega muškatnega oreščka
- 2 žlici ločenega ekstrakta čiste vanilije
- 2 ½ skodelice ločene sveže stepene smetane
- ¼ skodelice tople kave
- 17,5 unč ladyfingers
- 6 ingverjapov se je zdrobilo

NAVODILA:
IZDELAVANJE POLNJENJA:

a) Dodajte sir mascarpone in ½ skodelice granuliranega sladkorja ter ves rjavi sladkor v mešalnik in stepajte, dokler ni gladka.
b) Nato dodajte pire iz sladkega krompirja, cimet, muškatni oreščšek in 1 žlico vanilijevega ekstrakta ter stepajte, dokler se dobro ne premeša.
c) Na koncu dodajte 1 ½ skodelice stepene smetane v mešanico sladkega krompirja in jo odstavite.

ZA SESTAVLJANJE TIRAMISUJA:

a) Dodajte preostalo čajno žličko vanilijevega ekstrakta v skledo s kavo in premešajte.
b) Na dno 9-palčne vzmetne ponve razporedite polno vrsto ženskih prstkov.
c) S ½ mešanice tople kave prelijte prstke, da se prepojijo.
d) Nato vzemite polovico mešanice sladkega krompirja in jo pogladite po vrhu prstkov.
e) Nato ustvarite še eno plast, tako da ponovite vse korake, začenši z dodajanjem druge vrste ladyfingers, prelivanjem kavne omake na ladyfingers in na koncu dodajte preostalo mešanico sladkega krompirja.
f) Nazadnje vzemite preostalo 1 skodelico stepene smetane in vanjo vmešajte preostalo žlico kristalnega sladkorja ter razporedite po vrhu tiramisuja.
g) Vrh tiramisuja okrasite z zdrobljenimi ingverji preko stepenega preliva in malo mletega cimeta.
h) Pekač postavite v hladilnik za vsaj 4 ure, preden ga postrežete.

88. <u>Malenkost iz sladke krompirjeve pite</u>

SESTAVINE:
- 1 pecan pita
- 1 pita iz sladkega krompirja ali bučna pita
- 2 ½ skodelice stepene smetane
- 2 skodelici maslenega orehovega sladoleda
- 1 skodelica karamelne omake

NAVODILA:
a) Na dnu začnem s pito iz sladkega krompirja in skorjo, ki ji bo pomagala ostati čvrsta.
b) Naslednja plast z malo sladoleda in stepeno smetano. Po želji lahko na stepeno smetano dodamo malo karamele.
c) Nato položim koščke pite z orehi.
d) Nato ponovite s sladoledom in stepeno smetano ter prelijte s karamelo in pekan orehi.

89. Sladki krompirjev flan

SESTAVINE:
- 1 skodelica sladkorja
- 1 skodelica težke smetane
- 1 skodelica polnomastnega mleka
- 6 velikih jajc
- ¼ čajne žličke soli
- 1 skodelica pire sladkega krompirja
- 1 čajna žlička mletega cimeta
- ½ čajne žličke mletega muškatnega oreščka
- Stepena smetana in dodaten mleti cimet za serviranje

NAVODILA:
a) Pečico segrejte na 325°F.
b) V srednje veliki kozici segrevajte sladkor na zmernem ognju in nenehno mešajte, dokler se ne stopi in postane zlato rjave barve.
c) Stopljeni sladkor vlijemo v 9-palčni model za flan, z vrtenjem pokrijemo dno in stranice modela.
d) V majhni kozici na zmernem ognju segrejte smetano, polnomastno mleko, pire sladki krompir, mleti cimet in mleti muškatni oreščeki ter nenehno mešajte, dokler ne zavre.
e) V ločeni posodi stepemo jajca in sol.
f) Zmes vroče smetane počasi vlivamo v jajčno zmes, med nenehnim mešanjem.
g) Mešanico precedimo skozi sito z drobno mrežico in vlijemo v model za flante.
h) Model postavite v velik pekač in ga napolnite s toliko vroče vode, da pride do polovice stene modela.
i) Pecite 50-60 minut ali dokler se flan ne strdi in ob stresanju rahlo zatrese.
j) Odstranite iz pečice in pustite, da se ohladi na sobno temperaturo, preden jo postavite v hladilnik za vsaj 2 uri ali čez noč.
k) Za serviranje z nožem potegnite po robovih modela in obrnite na servirni krožnik. Postrezite s stepeno smetano in potresite z mletim cimetom.

90. Sladki krompir in žajbelj

SESTAVINE:
- 1 žlica masla
- 1 žlica olivnega olja
- 1 velik sladki krompir, olupljen in nariban
- ½ čajne žličke soli
- ¼ čajne žličke črnega popra
- 1 žlica sesekljanega svežega žajblja
- ½ skodelice naribanega sira Gruyere
- ¼ skodelice naribanega parmezana
- ½ skodelice težke smetane
- ½ skodelice polnomastnega mleka
- 3 velika jajca

NAVODILA:
a) Pečico segrejte na 325°F.
b) V veliki ponvi na srednjem ognju stopite maslo z olivnim oljem.
c) Dodajte nariban sladki krompir, sol in črni poper ter med občasnim mešanjem kuhajte 5-7 minut ali dokler se sladki krompir ne zmehča in rahlo porjavi.
d) Namastite 9-palčni model za flante in po dnu enakomerno potresite sesekljan svež žajbelj, nariban sir Gruyere in nariban parmezan.
e) V majhni kozici segrejte smetano in polnomastno mleko na zmernem ognju in nenehno mešajte, dokler ne zavre.
f) V ločeni skledi stepemo jajca.
g) Zmes vroče smetane počasi vlivamo v jajčno zmes, med nenehnim mešanjem.
h) Primešamo kuhan sladki krompir in zmes vlijemo v model za flante.
i) Model postavite v velik pekač in ga napolnite s toliko vroče vode, da pride do polovice stene modela.
j) Pecite 50-60 minut ali dokler se flan ne strdi in ob stresanju rahlo zatrese.
k) Odstranite iz pečice in pustite, da se ohladi na sobno temperaturo, preden jo postavite v hladilnik za vsaj 2 uri ali čez noč.
l) Za serviranje z nožem potegnite po robovih modela in obrnite na servirni krožnik.

91. <u>Mochi kvadratki sladkega krompirja</u>

SESTAVINE:
- 150 g sladkega krompirja
- 150 g škrlatnega sladkega krompirja
- 2 žlici lepljivega riževega prahu za vsak sladki krompir
- 1 žlica sladkorja za vsako
- 1 ščepec cimeta
- Testo iz moke
- 1 žlica sladkorja
- 1 žlica moke
- 1 žlica lepljivega riža v prahu
- 2 žlici vode

NAVODILA:
a) Sladki krompir olupimo in narežemo. Namakajte v vodi 10 minut (za dobro barvo). Zamenjajte vodo in kuhajte, dokler se ne zmehča.
b) Zmešamo lepljivi riž v prahu in sladkor, cimet ter malo pokuhamo na ognju, da postane lepljiv.
c) Naredite kvadratno obliko in jo ovijte s filmom. In ohladite v hladilniku.
d) Naredite testo. Testo precedimo s cedilom. Krompir narežemo na kvadratke.
e) Sladki krompir damo v testo in popečemo v ponvi. In dajte sezamovo seme na kvadratni sladki krompir.
f) Uživajte

92. Pita iz sladkega krompirja

SESTAVINE:
- 2 srednje velika sladka krompirja
- 1 ¼ skodelice sladkorja
- 1 ½ palčke masla
- 4-5 jajc plus 1 jajce
- 1 ½ žlice vanilijevega ekstrakta
- 1 žlica limoninega ekstrakta
- 1 čajna žlička muškatnega oreščka
- 1 čajna žlička cimeta
- 2 globoki skorjici za pito

NAVODILA:
a) Stepajte sladki krompir, sladkor, maslo in jajca (2 jajci naenkrat) 1 minuto.
b) Dodajte ekstrakt vanilije, ekstrakt limone, muškatni oreščer in cimet.
c) Dobro stepajte 3-4 minute
d) Testo prenesite na 2 globoki skorji za pito
e) Krompirjeva zmes bi morala izgledati kot testo za torto in imeti okus po sladoledu.
f) Pečemo v predhodno ogreti pečici na 350 stopinj, 55 do 60 minut.
g) Uživajte!

93. Ube zvit sladoled

SESTAVINE:
- 1 skodelica vijoličnega sladkega krompirja, narezanega na kocke
- 2 skodelici težke smetane
- 14-unčna pločevinka sladkanega kondenziranega mleka
- 1 čajna žlička kokosovega ekstrakta
- Popečen kokos, za okras

NAVODILA:
a) V majhni kozici zavrite 4 skodelice vode.
b) Dodamo na kocke narezan sladki krompir in dušimo 5 do 10 minut, dokler se vilice ne zmehčajo.
c) Kuhane koščke krompirja precedimo in pustimo, da se ohladijo.
d) V mešalnik dodajte smetano, kondenzirano mleko in kuhano ube.
e) Mešajte pri visoki hitrosti približno 5 sekund, dokler se ne poveže.
f) Zmes vlijemo na obrobljen pekač in zamrznemo za približno 30 minut, dokler se ne strdi.
g) Sladoled narežemo na trakove, ki jih z lopatko nežno zvijemo v kratke cevke.
h) Vsako cev položite v skledo in na vrh posujte s popečenim kokosom.

94. Browniji iz sladkega krompirja in kave

SESTAVINE:
- 1/3 skodelice sveže kuhane vroče kave
- 1 unča nesladkane čokolade, sesekljane
- ¼ skodelice olja oljne repice
- ⅔ skodelice sladkega krompirjevega pireja
- 2 žlički čistega vanilijevega ekstrakta

NAVODILA:
a) Pečico segrejte na 350 stopinj Fahrenheita.
b) V skledi zmešajte kavo in 1-unčo čokolade ter pustite 1 minuto.
c) V posodi za mešanje zmešajte olje, pire iz sladkega krompirja, vanilijev ekstrakt, sladkor, kakav v prahu in sol. Mešajte, dokler ni vse dobro premešano.
d) V ločeni skledi zmešajte moko in pecilni prašek. Dodajte čokoladne koščke in dobro premešajte.
e) Z lopatko nežno vmešajte suhe sestavine v mokre, dokler se vse sestavine ne povežejo.
f) Maso vlijemo v pekač in pečemo 30–35 minut oziroma dokler zobotrebec, ki ga zapičimo v sredino, ne izstopi čist.
g) Pustite, da se popolnoma ohladi.

95. <u>Gratiniran sladki krompir in por</u>

SESTAVINE:
- 2 žlici. nesoljeno rastlinsko maslo
- 2 žlici. olivno olje
- 6 unč pancete, narezane na 1/4-palčne kocke
- 2 pora, narezana na 1/4 palca debelo
- 1/4 skodelice mletega česna
- 2 skodelici smetane na rastlinski osnovi
- 3 žlice. listi svežega timijana
- Košer sol in mleti črni poper
- 2 sladka krompirja, olupljena in narezana na kocke
- 3 rdečerjavi krompirji, olupljeni in narezani na kocke

NAVODILA:
a) Pečico segrejte na 350 stopinj Fahrenheita.
b) V ponvi na zmernem ognju segrejte rastlinsko maslo in olje. Panceto kuhajte do rjave barve, približno 9 minut. Z žlico z režami prenesite na papirnate brisače.
c) V ponev dodamo por in česen, pokrijemo, zmanjšamo ogenj in med občasnim obračanjem kuhamo približno 5 minut oziroma dokler se por ne zmehča, a ne porjavi.
d) Dodamo rastlinsko smetano, zavremo, znižamo ogenj in kuhamo 5 minut.
e) Ponovno dajte panceto, timijan, 1 čajno žličko soli in popra po okusu; dati na stran.
f) Z rastlinskim maslom namastite 2-litrski pekač.
g) Po krompirju enakomerno razporedimo 2 žlici porove kreme.
h) Po vrhu razporedite plast sladkega krompirja, rahlo začinite, nato pa prelijte še z 2 žlicama porove kreme.
i) Nadaljujte s preostalim krompirjem, dokler ga ne porabite. Preostalo porovo kremo nakapljamo po krompirju in močno potlačimo.
j) Pecite 50 do 60 minut oziroma dokler vrh ne porjavi in krompir v sredini ni mehak, ko ga prebodete z vilicami.
k) Postrezite.

PIJAČE

96. Sok iz jabolčne pite

SESTAVINE:
- 1 sladki krompir
- ¼ čajne žličke začimb za bučno pito
- 2 jabolki
- 2 korenčka
- 2 pomaranči

NAVODILA:
a) Jabolkom olupite sredico. Sladkemu krompirju in pomarančam odstranite lupino. Korenje narežemo.
b) Dajte jih v sokovnik skupaj z začimbami za bučno pito.
c) Iztisnite sok iz vseh sestavin in nalijte sok v nekaj kozarcev.

97. <u>Oranžna bučna poživitev</u>

SESTAVINE:
- 1 pomaranča
- 1 sladki krompir
- 2 jabolki
- 2 korenčka
- Kanček začimb za bučno pito

NAVODILA:
a) Sestavine preprosto dajte v svoj sokovnik. Sestavine pretlačimo in sok nalijemo v kozarce.
b) Po vrhu pokapajte nekaj dodatnih začimb za bučno pito.

98. Kefir iz sladkega krompirja

SESTAVINE:
- 1 ¼ skodelice bučnega pireja
- 2 skodelici navadnega kefirja
- ¼ skodelice konopljinih ali lanenih semen
- 2 čajni žlički cimeta
- ½ čajne žličke muškatnega oreščka
- 2 skodelici ledu
- 2 žlici javorjevega sirupa

NAVODILA:
a) Operite sladki krompir in vanj prebodite luknje z vilicami. Zavijte ga v plastično folijo in ga 6-7 minut segrevajte v mikrovalovni pečici, dokler ni na pari in mehak na dotik.
b) Medtem ko se sladki krompir kuha na pari, dodajte vse ostale sestavine v mešalnik. Vzemite sladki krompir iz mikrovalovne pečice, ga odvijte in pustite stati nekaj minut, da ne bo takoj stopil ledu v vašem mešalniku.
c) Ko se krompir nekoliko ohladi, ga dodajte v mešalnik in mešajte 60 sekund, dokler ni vaš kremast kefir iz sladkega krompirja pripravljen za uporabo!

99. Proteinski napitek sladke krompirjeve pite

SESTAVINE:
- 2 merici vanilijevega beljakovinskega prahu
- 6 unč mandljevega mleka
- ½ skodelice sladkega krompirja, pečenega, brez kože)
- 1-5 kapljic vanilijevega ekstrakta
- 4 unče vode
- Zdrobljen led
- Začimbe za bučno pito po okusu

NAVODILA:
a)   Vse sestavine stresite v mešalnik za 30-60 sekund.

100. Smoothie iz sladkega krompirja

SESTAVINE:
- 1 srednje velik sladki krompir, kuhan in olupljen
- 1 zrela banana
- 1 skodelica mandljevega mleka (ali katerega koli drugega mleka po vaši izbiri)
- 1 žlica medu ali javorjevega sirupa (neobvezno, za dodatno sladkobo)
- 1/2 čajne žličke mletega cimeta
- 1/4 čajne žličke mletega muškatnega oreščka
- Ledene kocke (po želji, za ohlajen smoothie)

NAVODILA:
a) Sladki krompir skuhajte tako, da ga spečete v pečici, dokler se ne zmehča, ali skuhate, dokler se ne zmehča. Pustite, da se ohladi, nato olupite kožo.
b) V mešalniku zmešajte kuhan sladki krompir, zrelo banano, mandljevo mleko, med ali javorjev sirup (če uporabljate), mleti cimet in mleti muškatni orešček.
c) Sestavine mešajte, dokler niso gladke in kremaste. Po želji dodajte nekaj kock ledu, da bo smoothie ohlajen.
d) Okusite smoothie in prilagodite stopnjo sladkosti ali začimb glede na svoje želje, tako da po želji dodate več medu/javorjevega sirupa ali začimb.
e) Smuti iz sladkega krompirja nalijemo v kozarec in postrežemo ohlajenega.

ZAKLJUČEK

Ko smo pri koncu tega kulinaričnega popotovanja, upamo, da vas je "Kronike sladkega krompirja: raziskovanje vsestranskosti hranljivega dragulja" navdihnilo, da sprejmete neverjetno vsestranskost in prehranske prednosti sladkega krompirja v svoji kuhinji. Možnosti sladkega krompirja so res neskončne in spodbujamo vas, da nadaljujete z raziskovanjem in eksperimentiranjem s to priljubljeno sestavino.

Od tolažilnih slanih jedi, ki ogrejejo dušo, do neustavljivih sladic, ki zadovoljijo vašo sladkosnedo, sladki krompir ima moč, da popestri vaše obroke in prinese veselje na vašo jedilno mizo. Upamo, da ste z recepti in tehnikami, ki jih delimo v tej kuharski knjigi, pridobili znanje in navdih, da sladki krompir postane okusna in hranljiva stalnica v vašem kulinaričnem repertoarju.

Torej, ko se podajate na lastne pustolovščine sladkega krompirja, naj bodo "Kronike sladkega krompirja" vaš zaupanja vreden spremljevalec, ki vam ponuja okusne recepte, koristne nasvete in občutek navdiha. Sprejmite naravno sladkobo in bogat okus sladkega krompirja in pustite, da doda hranljiv pridih vašim obrokom.

Naj bo vaša kuhinja napolnjena z živahnimi barvami in okusnimi aromami sladkega krompirja, ko boste raziskovali njegovo vsestranskost in ustvarjali nepozabne jedi. Prijetno kuhanje in naj vaše kreacije iz sladkega krompirja nahranijo in razveselijo vašo mizo!

www.ingramcontent.com/pod-product-compliance
Lightning Source LLC
Chambersburg PA
CBHW071328110526
44591CB00010B/1072